A1

CW00469455

QUARTIER D'AFFAIRES

Français professionnel et des affaires

DELPHINE JÉGOU | MARI PAZ ROSILLO

CLE
INTERNATIONAL

Crédits photographiques

ADOBE STOCK

p. 7 : BillionPhotos.com – **p. 8 (milieu de gauche à droite) :** AntonioDiaz ; b. Boggy ; Jenner contrastwerkstatt – **p. 8 (bas) :** NLshop – **p. 10 (haut) :** Jalees & Smith ; 2. M.studio ; fotoliadesign20 ; 4. tree_art – **p. 10 (bas) :** starush ; auremar ; denisismagilov ; Production Perig ; BillionPhotos.com ; Picture-Factory – **p. 12 (gauche, de haut en bas) :** Claudio Divizia ; Claudio Divizia ; sirius_star ; konstan ; promesaartstudio ; Claudio Divizia ; 12ee12 – **p. 13 (haut, de gauche à droite) :** Kurhan ; Eléonore H ; leungchopan ; Monkey Business – **p. 13 (bas, droite)** jayfish – **p. 14 (haut)** DragonImages – **p. 14 (milieu, de gauche à droite) :** curto ; Dan Kosmayer – **p. 15 (haut de gauche à droite) :** butenkow ; Logostylish ; jongjawi ; puckillustrations – **p. 15 (milieu de gauche à droite) :** sonsedskaya ; ACP prod ; oles_photo ; mangostar_studio – **p. 16 (haut) :** herreneck – **p. 16 (milieu) :** Richard Villalon – **p. 16 (bas) :** Olexandr Kucherov – **p. 17 :** ra2 studio – **p. 18 (milieu) :** zukhrufeya ; scusi – **p. 19 (haut, de haut en bas) :** hanif_herm ; vectortwins ; ahasoft ; john1179 ; pict rider ; vectorlia ; krisnass ; indiesigner ; zera93 ; zera93 ; Sentavio – **p. 20 (haut, gauche)** Tofig – **p. 19 (bas, droite) :** ~ Bitter ~ – **p. 21 (haut) :** Studio KIVI ; Stocksnapper ; Tarzhanova ; Edward Shtern ; vitaly tiagunov ; demidoff ; Ruslan Kudrin ; Khvost ; Mivr ; moonrise ; nata777_7 – **p. 19 (milieu, de gauche à droite) :** contrastwerkstatt ; mandarina ; mandarina ; Vadim Gnidash – **p. 22 (bas) :** JackF ; golubovy ; carmelod ; stokkete – **p. 23 (milieu) :** thodonal – **p. 24 (haut) :** joe – **p. 24 (milieu) :** Corrado Buzzini – **p. 25 (haut) :** n41l – **p. 25 (milieu) :** mast3r – **p. 26 (bas) :** mindscanner – **p. 27 (bas) :** JackF ; Andrey Popov ; Kitty ; michaeljung – **p. 28 :** Viorel Sima – **p. 29 :** marcinmaslowski – **p. 30 (haut) :** Monkey Business – **p. 31 (bas) :** lznogood ; ilyakalinin ; jemastock – **p. 32 (droite, de haut en bas) :** deagreez ; Firma V ; Rawpixel.com – **p. 33 (milieu, droite) :** fotoinfot – **p. 34 (haut, de gauche à droite) :** Scott Griessel ; .shock – **p. 34 (bas) :** endostock – **p. 35 (haut, droite) :** Jan Engel – **p. 35 (milieu, gauche) :** bernardbodo – **p. 36 (haut, gauche, de haut en bas) :** ra2 studio ; ra2 studio – **p. 36 (bas, gauche) :** onblast – **p. 37 (haut, de gauche à droite) :** mooshny ; Jeanette Dietl ; WC designsstock ; Tony – **p. 37 (milieu, droite) :** rh2010 ; ARochau ; nuzza11 – **p. 38 (bas) :** graphistecs – **p. 39 :** ArtFamily – **p. 41 (haut, droite) :** M. Schuppich – **p. 41 (milieu, droite) :** Maurice Metzger – **p. 42 (haut) :** max dallocco – **p. 43 (haut, droite) :** Direk Takmatcha – **p. 43 (milieu, de gauche à droite) :** Scriblr ; Delphotostock ; M.studio – **p. 43 (bas, droite) :** Brad Pict ; shorena ted – **p. 45 (bas, gauche) :** namilurihas ; kazy ; Brad Pict – **p. 46 (haut, gauche) :** Voloshyn Roman – **p. 46 (bas, droite) :** jusep – **p. 47 (milieu, de gauche à droite) :** Brad Pict ; Marina Zlochin – **p. 48 (bas, gauche) :** marog-pixcells – **p. 48 (bas, droite) :** danimarco ; WavebreakMediaMicro – **p. 49 (bas, gauche) :** mirexon ; HP_Photo ; Oleksandrum ; demidoff ; aimy27feb – **p. 49 (bas, droite) :** Thomas Pajot – **p. 50 : (bas)** 11hana – **p. 51 :** alphaspirit – **p. 52 : (haut, de gauche à droite) :** ALF photo ; Dimitrius ; PHILETDOM ; gavran333 ; jcfotografo – **p. 52 (bas, gauche) :** vectorfusionart – **p. 53 (bas, gauche) :** fotohansel – **p. 54 (droite, de gauche à droite) :** yurakp ; bergamont ; Szasz-Fabian Erika ; emuck ; M.studio ; Markus Mainka ; cdecarpentrie ; cdecarpentrie ; womue ; stas_80 – **p. 55 (haut, gauche) :** elxeneize – **p. 55 (bas, droite) :** Brad Pict – **p. 56 (milieu, gauche) :** Mny-Jhee – **p. 56 (milieu, droite) :** nanomanpro – **p. 58 (milieu, droite) :** Laz'e-Pete – **p. 58 (bas, droite) :** aytuncoylum – **p. 59 (haut, de gauche à droite) :** mtsaride ; Franziska Wagner ; pipil7385 ; akf – **p. 59 (milieu, de gauche à droite) :** Logostylish ; gam16 ; Lysenko.A – **p. 60 (bas) :** Web Buttons Inc – **p. 61 :** Sergey Nivens – **p. 61 (haut, droite) :** Thomas Söllner – **p. 62 (bas, gauche) :** sissoupitch ; heigri – **p. 63 (haut, gauche) :** rilueda – **p. 64 (haut, droite) :** Ray of Light ; ahasoft – **p. 64 (bas, gauche, de haut en bas) :** M.studio ; odriography ; smarques27 ; Iakov Kalinin – **p. 66 (haut, gauche) :** Afanasia – **p. 66 (milieu, droite) :** Rawpixel.com – **p. 67 (haut) :** Zerophoto – **p. 68 (haut, gauche) :** Phil81 – **p. 68 (milieu, gauche) :** Phil81 – **p. 68 (bas, droite) :** mdworschak – **p. 69 (bas, droite) :** funny face – **p. 70 (milieu, gauche) :** Sentavio – **p. 70 (milieu, droite) :** contrastwerkstatt – **p. 71 (haut) :** M.studio – **p. 71 (bas, de gauche à droite) :** Stéphane Bidouze ; kevers ; Sashkin – **p. 72 (bas) :** ldprod – **p. 73 :** Sergey Nivens – **p. 74 (haut, gauche) :** nerthuz – **p. 75 (haut, droite) :** DragonImages – **p 76 (haut, droite) :** coward_lion ; trahko – **p. 76 (bas, droite) :** Robin – **p. 78 (haut, droite) :** Salome – **p. 78 (milieu, gauche) :** Dario Sabljak – **p. 78 (bas, droite) :** Eléonore H – **p. 80 (haut) :** akf – **p. 82 (bas) :** ty – **p. 83 :** Kletr – **p. 84 (droite, de gauche à droite) :** Giovanni Burlini ; Pavel Losevsky ; alotofpeople ; Kzenon – **p. 86 (haut, droite) :** WavebreakMediaMicro – **p. 86 (milieu) :** cougarsan – **p. 87 (haute, gauche) :** ALF photo – **p. 88 : (haut) :** PHILETDOM – **p. 89 (haut) :** AntonioDiaz – **p. 89 (milieu, droite) :** Kurhan – **p. 90 (haut, gauche) :** CandyBox Images – **p. 90 (milieu, droite) :** kongsak – **p. 90 (bas, droite) :** M.studio – **p. 91 (milieu, droite) :** Jacques Ribieff – **p. 92 (milieu, gauche) :** DragonImages – **p. 91 (milieu, droite) :** coward_lion ; trahko – **p. 93 (haut, gauche) :** intermaya – **p. 93 (haut, droite, de gauche à droite) :** yastrebinsky ; MIGUEL GARCIA SAAVED ; ILYA AKINSHIN ; ILYA AKINSHIN ; sveta ; pongsak1 – **p. 93 (milieu, droite) :** AMATHIEU – **p. 94 (bas) :** SOLLUB

SHUTTERSTOCK

p. 9 (haut) : hans engbers ; Dennis Kartenkaemper ; multitel ; ricochet64 ; Renovacio – **p. 11 (milieu droite) :** 360b – **p. 57 (milieu, droite) :** nanomanpro – **p. 58 (milieu, gauche) :** solomon7 – **p. 62 (bas, gauche) :** Brian A Jackson – **p. 64 (haut, droite) :** 360b

SIPA

p. 11 (milieu de gauche à droite) : MELANIE FREY/JDD ; Laurent vu ; IBO ; CHAMUSSY
p. 19 : Patrick Messina / Ministère de l'Éducation nationale, Ministère de l'Enseignement supérieur, de la Recherche et de l'Innovation

Dessins : Santiago Lorenzo
Vidéos : Les commerces et les commerçants ; Les moyens de transport ; AMAP ; Les loisirs : © Loescher

Direction éditoriale : Béatrice Rego
Édition : Brigitte Faucard
Conception graphique : Lucia Jaime
Couverture : Lucia Jaime
Mise en pages : AMG
Enregistrements : Vincent Bund

© CLE International / SEJER, Paris 2017
ISBN : 978-2-09-038666-0

Quartier d'affaires est un cours de français professionnel destiné à un public adulte en **situation d'apprentissage** (apprenants de cours FOS, étudiants en filières professionnelles), en **contexte professionnel** ou en situation de **recherche d'emploi**. Le premier objectif de ce manuel est avant tout l'optimisation du profil professionnel de ces apprenants qui peuvent être amenés, ou qui souhaitent, **travailler dans un environnement francophone**.

Quartier d'affaires 1 couvre les objectifs du **niveau A1** et permet d'entamer le **niveau A2** avec une base solide.

Quartier d'affaires se veut avant tout une méthode **communicative**, claire et fonctionnelle. L'apprenant peut consulter son manuel de manière aisée grâce à son **organisation structurée**, agréable à feuilleter. Le manuel est organisé autour de **8 unités**. Chaque unité contient une page de présentation des objectifs et des outils linguistiques, grammaticaux et culturels nécessaires pour les atteindre, 3 leçons avec des contenus clairs et progressifs, une page de civilisation, une page d'entraînement aux examens (Delf Pro A1 et Diplôme de français professionnel de la Chambre de commerce et d'industrie Paris Île-de-France). Toutes les deux unités, deux pages de bilan permettent à l'apprenant de s'entraîner à l'utilisation des nouveaux acquis linguistiques et grammaticaux. Une **tâche** finale permet de mettre en pratique les acquis de l'unité, dans des activités **réalistes** et **réalisables**, avec des objectifs clairement énoncés, et qui encouragent les travaux en groupe. De plus, à la fin de chaque leçon, on trouve une **micro-tâche** qui permet d'achever la leçon d'une manière agréable et créative. Les différentes leçons contiennent deux types d'encadrés : les points grammaire et *les mots pour* (qui reprennent le lexique abordé dans la leçon). La grammaire est abordée de manière simple et illustrée avec des exercices d'application. Il en est de même pour le lexique, qui est repris à chaque leçon dans les encadrés et qui est retravaillé dans de petits exercices au cœur des leçons. La composante **interculturelle** est mise en valeur et apparaît également tout au long du manuel : nous avons voulu prendre en compte la culture francophone dans le domaine de l'entreprise, en tachant d'éviter les stéréotypes, et en proposant une vision ouverte sur les pays francophones.

Un DVD-Rom contient tous les enregistrements des documents audio ainsi que quatre vidéos directement en lien avec les unités.

Nous avons également souhaité insister sur les **nouvelles technologies**, dans la mesure où elles sont de plus en plus présentes dans l'environnement professionnel.

Enfin, nous avons voulu accompagner les apprenants qui souhaitent obtenir une **certification professionnelle**, comme le **DELF Pro A1** ou le **Diplôme de français professionnel A1 de la Chambre de commerce et d'industrie Paris Île-de-France**, leur permettant de rendre leur profil professionnel plus complet et compétitif.

En résumé, nous espérons que les apprenants qui souhaitent **travailler** en France ou en français, qui veulent **se socialiser** avec des interlocuteurs francophones, ou qui comptent **voyager** dans un pays francophone trouvent dans ce manuel un outil utile et profitable.

Les auteures

Tableau des contenus

	SAVOIR-FAIRE	GRAMMAIRE	LEXIQUE	CIVILISATION
1. **Ma carte de visite** Pages 7-16	▪ Se présenter ▪ Présenter quelqu'un ▪ Saluer et demander des nouvelles ▪ Parler de sa famille ▪ Nommer les professions ▪ Donner un numéro de téléphone et une adresse mail ▪ Nommer les nationalités	▪ *C'est / Voici* ▪ Les pronoms personnels sujets ▪ Le verbe *s'appeler* au présent (*je, tu, vous*) ▪ Les verbes *être* et *avoir* au présent ▪ Le présent des verbes en *-er* (*travailler, parler*) ▪ Le féminin des noms de profession ▪ Le féminin des adjectifs de nationalités ▪ La négation (*ne ... pas*)	▪ Les salutations ▪ La situation familiale ▪ L'alphabet ▪ Les nombres de 0 à 69 ▪ L'adresse mail ▪ Les professions ▪ Les nationalités	▪ Les salutations : se serrer la main, se faire la bise, le check... ▪ Le *tu* et le *vous* en entreprise
2. **Mes débuts** Pages 17-28	▪ Décrire son entreprise et ses services ▪ Découvrir les différents secteurs d'activités ▪ Remplir un formulaire administratif ▪ Choisir ses vêtements pour le travail ▪ Échanger avec le service informatique ▪ Poser des questions	▪ Le pluriel des noms ▪ Le genre et le nombre des adjectifs (1) ▪ *C'est... / Il, elle est...* ▪ L'interrogation	▪ Les services d'une entreprise ▪ Les secteurs professionnels ▪ Les documents administratifs ▪ Les vêtements ▪ L'informatique	▪ Vêtement de travail et image d'entreprise ▪ « Votre entreprise impose un dress code ? » Résultats du sondage Monster 2015
3. **Mon installation** Pages 29-38	▪ Décrire les locaux de son entreprise et son appartement ▪ Se situer dans l'espace ▪ Présenter différents types de bureau ▪ Parler de ses goûts et de ses préférences ▪ Parler du bien-être au travail	▪ Les articles définis et les articles indéfinis ▪ Les nombres ordinaux (*premier, deuxième...*) ▪ Les pronoms toniques ▪ Exprimer ses goûts (*aimer, adorer, détester, préférer*) ▪ *Pourquoi ? Parce que...*	▪ Les locaux de l'entreprise ▪ Les pièces de la maison ▪ Le mobilier ▪ Le petit matériel de bureau ▪ La localisation spatiale ▪ Le bien-être	▪ Les Français au bureau : ordonnés ou désordonnés ? ▪ Des espaces de coworking originaux

	SAVOIR-FAIRE	GRAMMAIRE	LEXIQUE	CIVILISATION
4. **Mon emploi du temps** Pages 39-50	■ Donner la date ■ Parler de son emploi du temps ■ Dire et demander l'heure ■ Consulter des horaires ■ Prendre des rendez-vous ■ Annuler des rendez-vous ■ Donner des ordres	■ Les adjectifs démonstratifs ■ Les verbes *aller, vouloir, pouvoir* et *devoir* ■ L'impératif	■ Les jours de la semaine et les mois ■ Les moments de la journée ■ Les saisons ■ Demander et dire l'heure ■ Les formules de politesse à l'écrit	■ Êtes-vous agenda papier ou agenda électronique ? ■ Le travail dominical
5. **Action !** Pages 51-60	■ Présenter un produit ou un service ■ Se renseigner sur un produit ■ Nommer les couleurs ■ Comprendre une publicité ■ Donner un prix ■ Acheter un produit ■ S'occuper de la livraison ■ Utiliser les réseaux sociaux	■ La place de l'adjectif ■ Les nombres de 70 à l'infini ■ Les quantités déterminées et indéterminées ■ Le pronom interrogatif *quel, quelle, quels, quelles*	■ Les couleurs ■ Les prix ■ La livraison ■ L'informatique ■ Les réseaux sociaux ■ La publicité	■ Quelques chiffres sur la publicité sur Internet ■ Le e-commerce en Europe
6. **En route** Pages 61-72	■ Réserver une chambre d'hôtel ■ Régler la chambre d'hôtel ■ Réserver et prendre un taxi ■ Parler des moyens de transport ■ Expliquer et comprendre un itinéraire ■ Comprendre une invitation ■ Avoir des échanges informels avec des collègues	■ Demander poliment (*je voudrais, j'aimerais*) ■ Le présent des verbes du 2e groupe ■ Les adjectifs possessifs ■ *Aller* + préposition ■ *Venir de...*	■ L'hôtel ■ Les moyens de paiement ■ Les moyens de transport ■ Les déplacements ■ Les invitations	■ Les Français plébiscitent la carte bancaire ■ La trottinette électrique, un moyen de transport écolo et original

7. Mon travail jour après jour Pages 73-82	SAVOIR-FAIRE	GRAMMAIRE	LEXIQUE	CIVILISATION
	▪ Comprendre une demande ▪ Recevoir un client ▪ Travailler en équipe ▪ Rédiger une note de service ▪ Donner des instructions ▪ Présenter des données chiffrées ▪ Louer un bureau ▪ Faire du e-commerce	▪ Le présent des verbes *prendre* et *faire* ▪ L'impératif des verbes *faire* et *aller* ▪ Les articulateurs simples du discours (*et, ou, alors*) ▪ Le passé récent : *venir de* + verbe à l'infinitif	▪ Comprendre et me faire comprendre ▪ La note de service ▪ Les tâches quotidiennes au bureau ▪ Les données chiffrées ▪ Le e-commerce	▪ Chiffres et nombres... ▪ Les chiffres et le monde du travail
8. Travail d'équipe Pages 83-94	▪ Parler du team building ▪ Choisir une activité ▪ Comprendre un menu et commander au restaurant ▪ Parler de son alimentation ▪ Déclarer un arrêt de travail ▪ Passer une visite médicale et expliquer un problème de santé au médecin	▪ Les adjectifs (2) : féminins et pluriels irréguliers ▪ Faire *du, de la, de...* ▪ Le futur proche ▪ Les verbes *manger* et *boire* au présent ▪ *Avoir mal à, aux...*	▪ Les loisirs ▪ Le restaurant ▪ Les repas ▪ Les parties du corps ▪ La visite médicale	▪ La pause-déjeuner et les habitudes des Français ▪ L'alimentation en entreprise : une préoccupation du gouvernement, en France

Ma carte de visite

UNITÉ 1

PRÉSENTATION DES CONTENUS

Je me présente, je présente quelqu'un, je salue et je demande des nouvelles, je parle de ma famille, je nomme les professions, je donne un numéro de téléphone et une adresse mail, je nomme les nationalités.

J'ai besoin des éléments grammaticaux suivants :

C'est / Voici

Les pronoms personnels sujets

Le verbe *s'appeler* au présent (*je, tu, vous*)

Les verbes *être* et *avoir* au présent

Le présent des verbes en *–er* (*travailler, parler*)

Le féminin des noms de profession = profession

Le féminin des adjectifs de nationalités

La négation (*ne ... pas*)

J'ai aussi besoin des outils lexicaux suivants :

Les salutations

La situation familiale

L'alphabet

Les nombres de 0 à 69

L'adresse mail

Les professions

Les nationalités

Ma carte de visite

1 Présentation

 (...) Voir transcription p. 99

1. Écoutez et complétez les phrases à l'oral.

a. Bonjour, je ... Gladys et ... Lucas.
b. Je ... Louis. Et comment vous vous ... ?
c. ... Sophie ! Et ... Léa.
d. – Tu ... Sara ? – Non, je ... Pauline.
e. – ... tu t'appelles ? – Je ... Clémence.

GRAMMAIRE

S'appeler

Je m'appell**e**
Tu t'appell**es**
Vous vous appel**ez**

GRAMMAIRE

C'est / Voici

■ *Voici* + prénom
• *Voici Léa !*

■ *C'est* + prénom
• *C'est Léa.*

Tu ou vous ?
tu → 1 personne : la famille, les amis
vous → 1 personne : personne inconnue, relation professionnelle, personne âgée
vous → plusieurs personnes

 2. Présentez-vous, présentez un(e) camarade, demandez son prénom à un(e) autre.

2 Bonjour

 (...) Voir transcription p. 99

3. Écoutez et associez les photos avec les situations.

a.

b.

c.

d.

Les mots pour

• Bonjour ☀ / Bonsoir ☾
• Au revoir
• Salut (*familier*) = Bonjour /Au revoir

Savoir dire

Saluer et demander des nouvelles
• Comment allez-vous ?
• Comment vas-tu ?
• Ça va ?
• Ça va. / Ça va bien. ☺
• Bof ! / Pas terrible ! ☺
• Ça va mal. ☹

3 Mon nom

 4. Écoutez et répétez.

A [a]	G [ʒe]	M [ɛm]	S [ɛs]	Y [igrɛk]
B [be]	H [aʃ]	N [ɛn]	T [te]	Z [zɛd]
C [se]	I [i]	O [o]	U [y]	
D [de]	J [ʒi]	P [pe]	V [ve]	
E [ə]	K [ka]	Q [ky]	W [dublǝve]	
F [ɛf]	L [ɛl]	R [ɛʀ]	X [iks]	

 (...) Voir transcription p. 99

5. Écoutez et écrivez les noms.

6. Épelez votre nom et votre prénom à votre voisin(e). Votre voisin(e) écrit votre prénom et votre nom. Vérifiez.

(...) Voir transcription p. 99

7. Écoutez les noms de 5 entreprises françaises. Associez les noms aux images.

a.

b.

c.

d.

e.

8. Jouez avec votre voisin(e). De la même manière, présentez d'autres entreprises françaises ou internationales. Épelez les noms.

4 Ma famille

 (...) Voir transcription p. 99

9. Écoutez et répondez : vrai ou faux ?

a. Masami a 36 ans.
b. Masami est mariée.
c. Philippe est célibataire.
d. Arnaud est célibataire.
e. Nicolas et Anaëlle sont en couple.
f. Anaëlle est divorcée.
g. Bastien et Marina sont en couple.
h. Svetlana et Grégory sont mariés.

GRAMMAIRE

Les pronoms personnels sujets

je	nous
tu	vous
il / elle / on	ils / elles

Le verbe *être* au présent de l'indicatif

je suis	nous sommes
tu es	vous êtes
il / elle / on est	ils / elles sont

Les mots pour

• Être célibataire
• Être marié(e)
• Être divorcé(e)
• Être en couple
• Une famille
• Un enfant
• Un fils
• Une fille

1 Complétez avec les bons pronoms personnels sujets.

a. – Comment ... t'appelles ?
   – ... m'appelle David.
b. – ... as quel âge ?
   – ... ai 32 ans.
c. – ... sommes mariés.
d. – Lisa ? ... est célibataire.
e. – Paul et Louise ? ... sont mariés.

↘ Micro-tâche

Vous rencontrez un(e) collègue, vous vous présentez (prénom, nom, âge, situation familiale). Puis vous demandez ces informations à votre collègue. Vous jouez la scène à 2.

Ma carte de visite

1 La carte de visite

1. Observez les cartes de visite et répondez.

CRITEA
Philippe Chaline
Consultant

06 22 24 59 68
chaline.philippe@critea.org

ÉMILIE DESNOIS
Directrice
Agence immoB

Tél. 06 25 02 12 27
Courriel : desnois-émilie@immoB.com

Arevol

Julien Mafi
Comptable

Tél. 06 31 51 60 23 / mafi_comptabilité@arevol.com

STÉPHANIE PAUL
Assistante de direction

Editoria

Tél. 06 32 20 15 17
editoria-stéphanie@editoria.fr

a. Quelle est la profession de Philippe Chaline ?
b. Comment s'appelle la directrice de l'Agence immoB ?
c. Comment s'appelle le consultant ?
d. Qui est assistante de direction ?
e. Quel est le numéro de téléphone de Julien Mafi ?

> ### Savoir dire
>
> **Lire une adresse mail**
> • arobase
> • point
> • tiret
> • underscore / tiret du bas

2. Écoutez et répétez.

Les nombres de 0 à 69		
0 zéro	9 neuf	20 vingt
1 un	10 dix	21 vingt et un
2 deux	11 onze	22 vingt-deux
3 trois	12 douze	...
4 quatre	13 treize	30 trente
5 cinq	14 quatorze	31 trente et un
6 six	15 quinze	...
7 sept	16 seize	40 quarante
8 huit	17 dix-sept	50 cinquante
	18 dix-huit	60 soixante
	19 dix-neuf	69 soixante-neuf

3. Lisez les numéros de téléphone et les adresses mail des cartes de visite de l'activité 1.

(...) Voir transcription p. 99

4. Écoutez et écrivez les numéros de téléphone et les adresses mail.

5. Faites la liste des numéros de téléphone et des adresses mail du groupe. Donnez votre numéro de téléphone et votre adresse mail. Notez les numéros de téléphone et les adresses mail des autres apprenants. Notez bien les noms !

2 Les professions

(...) Voir transcription p. 99

6. Écoutez et associez.

a.

b.

c.

d.

e.

f.

GRAMMAIRE

Le féminin des noms de profession

Masculin	Féminin
un direct**eur**	une direct**rice**
un vend**eur**	une vend**euse**
un consult**ant**	une consult**ante**
un employ**é**	une employ**ée**
un conseill**er**	une conseill**ère**
un informati**cien**	une informati**cienne**
un architect**e**	une architect**e**

⚠️ Certains noms de professions n'ont pas de féminin : *pompier, jardinier...*

Qu'est-ce que vous faites dans la vie ?
Qu'est-ce que tu fais dans la vie ?

il/elle est + nom de profession
Il est directeur.
Elle est consultante.

1 **Mettez les noms de professions au masculin ou au féminin.**

a. un pompier
b. un consultant
c. une directrice financière
d. une avocate

e. un ingénieur
f. un technicien
g. une policière
h. un gardien

 (...) Voir transcription p. 99

7. Découvrez des personnalités françaises. Écoutez et répondez.

a. Michel Édouard Leclerc
b. Catherine Barba Chiaramonti
c. Ali Baddou
d. Fleur Pellerin
e. Jean Nouvel

a. Quel âge a Michel Édouard Leclerc ?
b. Que fait Fleur Pellerin ?
c. Qui est architecte ?
d. Quelle est la profession d'Ali Baddou ? Il travaille où ?
e. Quel âge a Catherine Barba ? Quelle est sa profession ?

GRAMMAIRE

Le verbe *avoir* au présent de l'indicatif

j'ai	il/elle/on a	vous avez
tu as	nous avons	ils/elles ont

8. Distribuez des cartes de visite. Les apprenants présentent les personnes au reste du groupe.

↘ Micro-tâche

Présentez-vous et présentez trois personnes de votre entreprise. Donnez un maximum d'information : profession, numéro de téléphone, adresse mail... (environ 60 mots) Réalisez les cartes de visite.

1 **Conjuguez le verbe « avoir ».**

a. Le directeur ... 55 ans.
b. Akim et Pierre ... une entreprise.

c. Tu ... une carte de visite ?
d. J'... 31 ans.

Ma carte de visite

1 Les nationalités et les langues

 (...) Voir transcription p. 100

1. Écoutez les trois dialogues et répondez.

a. Qui est Paul ? Paul parle quelles langues ?
b. Céline est française ? Dans quel département travaille Céline ?
c. Quelle est la nationalité de Mary ?
d. Présentez Nasser.

GRAMMAIRE

Le féminin des adjectifs de nationalité

Masculin		Féminin
Italien		Italienne
Français		Française
Coréen		Coréenne
Suisse		Suisse
Mexicain		Mexicaine
Hongrois		Hongroise
Allemand		Allemande

 (...) Voir transcription p. 100

2. Écoutez et répondez.

a. Qui est espagnol ?
b. Quelle est la profession de madame Noiret ?
c. Quelle est la nationalité de Karl et de Stefan ?
d. Dan parle quelle langue ?
e. Quel âge ont Louis et Léa ?

1 Reconstituez ces 5 phrases.

a. pas / Ils / anglais. / ne / sont
b. n' / Je / pas / ai / ans. / trente-cinq
c. Vous / pour / travaillez / ne / pas / Chanel.
d. n' / pas / est / directrice. / Elle
e. n' / est / commercial. / Il / pas

1 Transformez les phrases au masculin ou au féminin, selon les cas.

a. Il est roumain.
b. Elle est russe.
c. Il est canadien.
d. Il est espagnol.
e. Elle est chinoise.
f. Il est marocain.
g. Il est suédois.
h. Elle est française.

GRAMMAIRE

Le présent de l'indicatif des verbes en –er

■ radical + terminaisons : -e, -es, -e, -ons, -ez, -ent

Travailler	**Parler**
je travaille	je parle
tu travailles	tu parles
il/elle/on travaille	il/elle/on parle
nous travaillons	nous parlons
vous travaillez	vous parlez
ils/elles travaillent	ils/elles parlent

→ *Ils travaillent pour Air France.* → *Elle parle français.*

1 Complétez les phrases avec les verbes *parler* et *travailler* au présent.

a. Je ... pour Air France. Je ... français.
b. Nous ... pour Renault. Nous ... Portugais et nous ... Français.
c. Ils ... pour Areva, une entreprise française. Ils ... français et anglais.
d. Vous ... dans une entreprise italienne. Vous... italien, français et anglais.

GRAMMAIRE

La négation

■ Pour exprimer la négation, on utilise « ne ... pas ».
• *Je **ne** suis **pas** commercial.*
• *Je **ne** suis **pas** française.*

⚠ « *ne* » devient « *n'* » devant une voyelle.

• *Madame Aubry **n'**est **pas** disponible.*

2 Répondez à la forme négative.

a. Elles sont assistantes de direction ? Non, ...
b. Elle est canadienne ? Non, ...
c. Ils ont rendez-vous ? Non, ...
d. Nous travaillons pour Critea ? Non, ...
e. Ils parlent anglais ? Non, ...

2 | Ma fiche d'identité

3. Lisez et répondez.

Prénom : Julien
Âge : 38 ans
Nationalité : Française
Langues parlées :
français, chinois, anglais

Prénom : Marc
Âge : 49 ans
Nationalité : Suisse
Langues parlées :
français, allemand, anglais

Prénom : Veronica
Âge : 34 ans
Nationalité : Chinoise
Langues parlées :
chinois, français, anglais

Prénom : Marie
Âge : 41 ans
Nationalité : Belge
Langues parlées :
français, italien, anglais

a. Quelle est la nationalité de Julien ?
b. Quel âge a Julien ?
c. Quelles langues parlent Marc ?
d. Combien de langues parle Véronica ?
e. Choisissez les phrases exactes.

Marie est belge. – Veronica ne parle pas allemand.
– Julien parle chinois. – Marc n'est pas suisse.

Phonétique

 Le son [ɛ]

è, ê, *ai* et *ei* se prononce [ɛ].
• un coll**è**gue
• vous **ê**tes
• j'**ai**
• tr**ei**ze

Écoutez et répétez.
– Il est célibat**ai**re.
– Le numéro tr**ei**ze.
– Elle est conseill**è**re, ou directrice financi**è**re ?
– Elle est sa coll**è**gue ?
– Vous **ê**tes Pierre ?
– Il parle franç**ai**s et angl**ai**s.

4. Vous rencontrez un(e) nouveau(velle) collègue. Vous lui demandez qui il / elle est ? Posez-lui 5 questions. Jouez la scène à deux.

↘ Micro-tâche

Vous présentez un nouveau collègue. Vous avez toutes les informations suivantes (nom, prénom, nationalité, âge, profession, langues parlées). Écrivez 60 mots minimum.

Les salutations : se serrer la main, se faire la bise, le check...

Se dire bonjour est un rituel de la vie en société. Mais comment se dire bonjour au travail ?

Certains se serrent la main, d'autres se font la bise ou se disent bonjour de loin. Dans une PME parisienne, les salariés ont une manière particulière de se saluer, ils utilisent le « check », un geste familier et un peu surprenant. Même si le check est répandu dans cette PME, on se fait aussi la bise entre collègues amis.

Dans une entreprise de 150 salariés du quartier d'affaires de la Défense, à Paris, on préfère le bonjour « oralement » parce qu'on ne va pas passer son temps à serrer la main ou à faire la bise à tous ses collègues.

D'après *Franceinfo*, publié le 03/01/2016

1. Quelles sont les différentes manières de se dire bonjour au travail ?
2. Comparer avec la façon de se dire bonjour au travail, dans votre pays.

Le *tu* et le *vous* en entreprise

Comment s'adresser à ses collègues et à son supérieur au travail ? On doit dire *tu* ou *vous* ?

L'usage du *tu* en français est généralement associé à la « cool attitude » alors que l'usage du *vous*, lui, marque davantage le « formalisme ».

Une enquête réalisée en 2016 montre que les 25-35 ans sont les plus nombreux à tutoyer leurs patrons ou leurs collègues de travail.

Ce sont les plus jeunes, les seniors et surtout les femmes qui sont plus adeptes du vouvoiement au travail.

Chez les 18-24 ans, la pratique du tutoiement n'est pas commune. En effet, le vouvoiement est plus courant et est vu comme une manière d'instaurer une distance.

Tu ?

Vous ?

Statistiques sur le *tu* et le *vous* en France, au travail

Au travail, est-ce que vous tutoyez votre supérieur ?

Réponses	Entre 18 et 24 ans	Entre 25 et 34 ans	Entre 35 et 44 ans	Entre 45 et 54 ans	Entre 55 et 64 ans	Plus de 65 ans	Femmes	Hommes
Oui	33%	95%	73%	51%	29%	5%	40%	80%
Non	67%	5%	27%	49%	71%	95%	60%	20%

D'après *LeParticulier.fr*, publié le 05/07/16 par Stéphanie Alexandre

1. Quelle tranche d'âge utilise plus facilement le *tu* au travail ? C'est pareil dans votre pays ?
2. Et vous, vous utilisez le *tu* ou le *vous* avec votre supérieur ?

Entraînement aux examens

1 Compréhension de l'oral

Exercice 1
Vous allez entendre 4 messages. Écoutez les messages et associez chaque message à une carte de visite.

a.

b.

c.

d.

2 Compréhension des écrits

Exercice 2
Lisez les présentations. Associez les présentations aux photos.

1. Bonjour, je m'appelle Joao. Je suis portugais. Je suis architecte.
2. Elle, c'est Émeline. Elle est réceptionniste dans la société Avora.
3. Bonjour ! Moi, c'est Pascal. Je suis directeur financier.
4. Et voici Véronique Jouan. Elle est hôtesse de l'air.

3 Compréhension orale

Exercice 3
Le professeur vous interroge sur votre nouveau/nouvelle collègue. Vous répondez à partir des informations d'une des deux cartes de visite. Pensez à donner des précisions, épelez le nom et le prénom...

VALÉRIE MORVAN
Consultante

Novadis

18, rue des Pins – 13008 Marseille
Tel : 04 91 02 32 31
Email vmorvan@novadis.com

GUILLAUME DEDIENNE
Banquier

Société Générale

53, rue Trimaran 78018 Paris
Tel : 06 70 63 79 18
mail dedienne-g@ generale.fr

4 Production écrite

Exercice 4
Vous écrivez un mail à un(e) ami(e). Vous présentez un(e) nouveau/nouvelle collègue (âge, nationalité, langues parlées...).

Faire un trombinoscope des employés de votre entreprise

Objectif : faire un trombinoscope des employés
de votre entreprise ou de votre département.

Étape 1
En petits groupes, faites un formulaire en français pour obtenir toutes
les informations sur les employés de votre entreprise.

Étape 2
Faites remplir ce formulaire par les employés de votre entreprise ou de votre département.

Étape 3
Demandez une photo d'identité de chaque employé ou prenez chaque employé en photo.

Étape 4
À partir des formulaires, écrivez une petite présentation de chaque employé.
Par exemple, mettez une photo d'un employé et légendez la photo avec une phrase
de présentation.

Étape 5
Faites le trombinoscope sur une grande feuille cartonnée ou sous format numérique.

Étape 6
Présentez oralement à toute la classe les employés du trombinoscope.

*Il s'appelle Maxime Guillerm. C'est le directeur commercial. Il a 36 ans,
il est suisse et il parle français, anglais et allemand. Il est marié avec Bénédicte.
Ils ont 2 enfants, Paul et Marie. Il travaille avec Emmanuel et Caroline, les deux
commerciaux de l'entreprise.*

Mes débuts

PRÉSENTATION DES CONTENUS

Je décris mon entreprise et ses services, je découvre les différents secteurs d'activités, je remplis un formulaire administratif, je choisis mes vêtements pour le travail, j'échange avec le service informatique, je pose des questions.

J'ai besoin des éléments grammaticaux suivants :

Le pluriel des noms
Le genre et le nombre des adjectifs (1)
C'est... / Il, elle est...
L'interrogation

J'ai aussi besoin des outils lexicaux suivants :

Les services d'une entreprise
Les secteurs professionnels
Les documents administratifs
Les vêtements
L'informatique

1 Mon entreprise

(...) Voir transcription p. 100

1. Écoutez les trois témoignages et répondez.

a. Pour quelle entreprise travaille Isabelle Louvois ?
b. Qui est Pascal Houbert ?
c. Qu'est-ce que le télétravail ?

2. De la même manière, présentez votre entreprise et votre poste.

1 Complétez les phrases. Faites les accords

- -

a. Marion étudie les … des … .
(*prix / produit*)
b. Les … de Michaël sont jeunes.
(*collaborateur*)
c. Steven possède quatre … . (*société*)
d. Il travaille à la maison deux …
par semaine. (*jour*)
e. Le matin, il regarde les … . (*journal*)

3. Observez l'organigramme et répondez.

a. Qui est le/la responsable de Cécile Lafaye ?
b. Qui est ingénieur ?
c. Qui est Leila Portal ?
d. Combien de personnes travaillent avec Leila Portal ?
e. Avec qui travaille Gaëtan Delors ?
f. Selon vous, qui s'occupe de la paie ?

4. Présentez à l'oral les différents services de l'entreprise AgroAli.

Dans l'entreprise AgroAli, il y a trois grands services…

Les mots pour

- Une entreprise
- Une société
- Un secteur
- La direction
- Un directeur / Une directrice
- Un(e) responsable
- Un contrôleur de gestion / Une contrôleuse de gestion
- Un(e) assistant(e) de direction
- Un(e) ingénieur(e)
- Un(e) chef(fe)
- Le télétravail
- Adjoint(e)

GRAMMAIRE

Le pluriel des noms

- En général, pour former le pluriel on ajoute un « **s** » :
  - *une entreprise → des entreprise**s** ; un secteur → des secteur**s** ; un produit → des produit**s**…*
- Les noms qui se terminent au singulier par « **s** », « **x** », « **z** » ne changent pas au pluriel :
  - *un pri**x** → des pri**x** ; un ca**s** → des ca**s** ; le ga**z** → les ga**z**…*
- La plupart des noms terminés par « **ail** » ou « **al** » ont un pluriel en « **aux** » :
  - *un trav**ail** → des trav**aux** ; le journ**al** → les journ**aux**…*

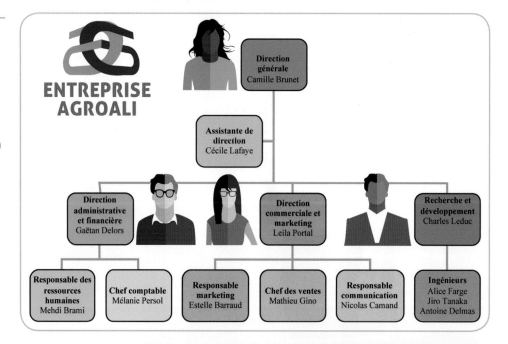

ENTREPRISE AGROALI

Direction générale
Camille Brunet

Assistante de direction
Cécile Lafaye

Direction administrative et financière
Gaëtan Delors

Direction commerciale et marketing
Leila Portal

Recherche et développement
Charles Leduc

Responsable des ressources humaines
Mehdi Brami

Chef comptable
Mélanie Persol

Responsable marketing
Estelle Barraud

Chef des ventes
Mathieu Gino

Responsable communication
Nicolas Camand

Ingénieurs
Alice Farge
Jiro Tanaka
Antoine Delmas

GRAMMAIRE

C'est… – Il/Elle est…

- *il, elle est + nom*
  - ***Il est*** *responsable des ressources humaines.*
  - ***Elle est*** *directrice.*
- *c'est + article + nom*
  - ***C'est le*** *responsable des ressources humaines.*
  - ***C'est la*** *directrice.*

1 Complétez avec *c'est* ou *il est, elle est*.

- -

a. Isabelle ? … la stagiaire du département communication.
b. Voici Élodie. … responsable des ventes.
c. Octave ? … directeur de la communication.
d. … Olivia Sacks. … contrôleuse de gestion.

2 Les secteurs professionnels

**5. Lisez le document et dites dans quel secteur vous travaillez.
Puis posez des questions.**

Je travaille dans le secteur automobile, et vous ?
Je travaille dans l'automobile, et toi ?

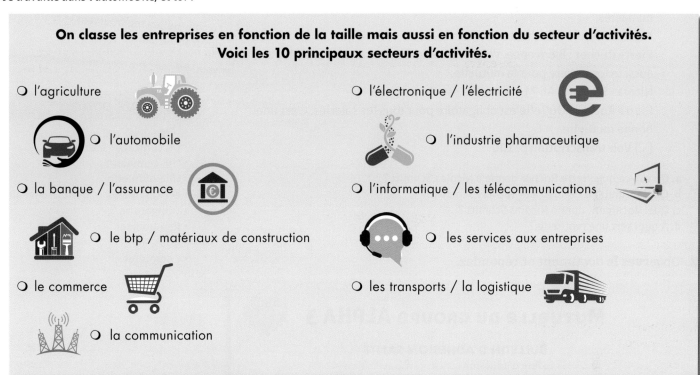

**On classe les entreprises en fonction de la taille mais aussi en fonction du secteur d'activités.
Voici les 10 principaux secteurs d'activités.**

- ○ l'agriculture
- ○ l'automobile
- ○ la banque / l'assurance
- ○ le btp / matériaux de construction
- ○ le commerce
- ○ la communication

- ○ l'électronique / l'électricité
- ○ l'industrie pharmaceutique
- ○ l'informatique / les télécommunications
- ○ les services aux entreprises
- ○ les transports / la logistique

QUI VEUT LA RÉUSSITE DE TOUS ?

AMBITION ENSEIGNER

40 000 ENSEIGNANTS RECRUTÉS CETTE ANNÉE

INSCRIPTION AUX CONCOURS : DU 15 JANVIER AU 21 FÉVRIER 2013
SUR EDUCATION.GOUV.FR/RECRUTEMENT

6. Lisez cette affiche et répondez.

a. Qui recrute ?
b. Il s'agit de quelle profession ?
c. Qu'est-ce qu'il faut faire pour avoir le poste ?

↘ Micro-tâche

Vous assistez à une rencontre professionnelle. Préparez les badges d'Isabelle Louvois, Pascal Houbert et Olivia Sacks (activité 1). Préparez aussi votre badge.

Nom :
Prénom :
Secteur d'activité :
Poste :

UNITÉ 2 — Mes débuts

1 Bienvenue !

1. Écoutez le dialogue et répondez.

Pierre Rocher : Nicolas Schmitt ?

Nicolas Schmitt : Oui.

Pierre Rocher : Bonjour, monsieur Schmitt. Pierre Rocher des ressources humaines.

Nicolas Schmitt : Enchanté. Bonjour.

Pierre Rocher : Bienvenue. Voilà une copie du contrat de travail. Il y a aussi le formulaire pour la mutuelle.

Nicolas Schmitt : Ah ? La mutuelle est obligatoire ?

Pierre Rocher : Oui, elle est obligatoire pour tous les salariés. C'est une bonne mutuelle.

(...) Voir transcription p. 100

a. Qu'est-ce que Pierre Rocher donne à Nicolas Schmitt ?
b. Quel formulaire doit remplir Nicolas Schmitt ?
c. Quel document donne Nicolas Schmitt ?
d. À quoi sert une mutuelle ?

2. Observez le document et répondez.

> **La mutuelle santé**
> En France, il y a la sécurité sociale.
> La sécurité sociale couvre une partie des frais de santé.
> On cotise aussi pour des mutuelles.
> Les mutuelles remboursent le reste des frais de santé.

Les mots pour

- Une copie
- Un contrat de travail
- Un formulaire
- Une mutuelle
- Un RIB (relevé d'identité bancaire)
- Obligatoire
- Rembourser
- Couvrir
- Compléter

MUTUELLE DU GROUPE ALPHA 3

BULLETIN D'ADHÉSION SANTÉ

Date d'adhésion ⌑⌑/⌑⌑/⌑⌑⌑⌑

RENSEIGNEMENTS VOUS CONCERNANT *(à remplir en lettres capitales)*

☐ Mme ☐ M

Nom : _____

Nom de jeune fille *(pour les femmes mariées)* : _____

Prénoms : _____

Date de naissance : ⌑⌑⌑⌑⌑⌑⌑⌑

Adresse : _____

Ville : _____ Code postal : ⌑⌑⌑⌑⌑

Numéro de téléphone : ⌑⌑⌑⌑⌑⌑⌑⌑⌑⌑

Adresse Email : _____ @ _____

AYANTS DROIT : CONJOINT, ENFANTS *(à remplir en lettres capitales)*

Votre conjoint(e) : ☐ Mme ☐ M

Nom : _____ Nom de jeune fille *(pour les femmes mariées)* : _____

Prénoms : _____

Date de naissance : ⌑⌑/⌑⌑/⌑⌑⌑⌑

Enfants à charge

Nom : _____ Prénoms : _____ Date de naissance : ⌑⌑/⌑⌑/⌑⌑⌑⌑

Nom : _____ Prénoms : _____ Date de naissance : ⌑⌑/⌑⌑/⌑⌑⌑⌑

Nom : _____ Prénoms : _____ Date de naissance : ⌑⌑/⌑⌑/⌑⌑⌑⌑

Fait à _____ , le _____

Signature :

---

a. Qu'est-ce que le « nom de jeune fille » ?
b. Qui sont les « ayants droits » ?
c. Qu'est-ce qu'un conjoint ?

3. Recopiez le document et complétez les informations.

Les mots pour

- Un bulletin
- Une adhésion
- Un renseignement
- Une lettre capitale
- Le nom de jeune fille
- Un ayant droit
- Un(e) conjoint(e)
- Une signature
- Une date de naissance
- À charge
- Remplir

2 Les vêtements

 (...) Voir transcription p. 100

4. Écoutez le dialogue et répondez.

a. Quel est le style vestimentaire chez Orféo ?
b. Quand faut-il porter une veste ?
c. Comment est habillée la jeune femme ?
d. Quels vêtements on ne porte pas chez Orféo ?

5. Observez et choisissez la bonne photo.

a. Quels vêtements Mélanie peut-elle porter chez Orféo ?
b. Et Bastien ?

 (...) Voir transcription p. 100

6. Écoutez et associez avec la bonne photo.

a.  b.  c.  d.

7. Décrivez votre tenue et /ou celle de votre voisin(e).

Les mots pour

- Un pantalon
- Un jean
- Une jupe
- Une robe
- Une chemise
- Un pull
- Un tee-shirt
- Une veste
- Un manteau
- Une cravate
- Un costume
- Un tailleur
- Des baskets
- Une chaussure
- Une tenue
- Un sac à main
- Décontracté(e)
- Strict(e)
- Élégant(e)

GRAMMAIRE

Les adjectifs s'accordent en genre et en nombre avec le(s) nom(s) qu'ils accompagnent.

Le genre des adjectifs

- Pour faire le féminin, on ajoute un « **e** » :
  - *joli → jolie ; petit → petite ; grand → grande ; décontracté → décontractée ; strict → stricte...*
- Quand l'adjectif se termine déjà par un « e », on n'ajoute rien :
  - *jeune, sage...*
- Il y a des adjectifs irréguliers :
  - *long → longue ; beau → belle ; vieux → vieille ; bon → bonne ; nouveau → nouvelle...*

Le nombre des adjectifs

- Au pluriel, on ajoute un « s » à la fin de l'adjectif :
  - *une robe longue → des robes longues ; un style décontracté → des styles décontractés...*
- Les adjectifs qui terminent par un « eau » au singulier prennent un « x » au pluriel :
  - *un nouveau pantalon → des nouveaux pantalons ; un beau pull → des beaux pulls...*

---

1 Mettez au féminin ou au masculin selon les cas.

a. C'est une femme grande et belle. → C'est un homme ...
b. C'est un bureau petit et vieux. → C'est une salle ...
c. C'est un collaborateur jeune et strict.
  → C'est une collaboratrice ...

2 Mettez au pluriel.

a. Voici un nouveau collègue → Voici trois ...
b. C'est une journée très longue → Ce sont des ...
c. C'est un travail difficile → Ce sont des ...
d. Voici un nouveau manteau élégant
  → Voici une ... robe ...

↘ Micro-tâche

Chacun choisit un secteur d'activités puis décrit la tenue vestimentaire pour ce secteur.

Exemple : finance, tenue stricte. Costume pour les hommes avec cravate...

1 Mon poste de travail

1. Écoutez et répondez.

Gabriella : Ici, c'est le bureau d'Yvan Bourget. Il est responsable du service informatique. Salut Yvan, ça va ?

Yvan : Ah, salut Gabriella. Merci ça va.

Gabriella : Yvan, voici Nicolas. Il arrive aujourd'hui dans l'entreprise.

Yvan : Ok, je m'occupe de lui. Bonjour Nicolas. Votre ordinateur est prêt.

Nicolas : Merci. Est-ce qu'il y a un mot de passe ?

Yvan : Oui, il y a un identifiant et un mot de passe. L'identifiant, c'est nschmitt, la première lettre de votre prénom et votre nom de famille. Et le mot de passe, c'est 03NISC17.

Nicolas : Parfait. Et quelle est mon adresse de messagerie ?

Yvan : C'est simple, c'est nicolas.schmitt@gmail.com !

Nicolas : Ah oui, c'est pas compliqué. Et l'ordinateur, c'est un fixe ou un portable ?

Yvan : Vous êtes commercial alors vous avez un ordinateur portable.

Nicolas : Et vous vous occupez aussi des téléphones ?

Yvan : Oui, voici votre smartphone. Sur ce document, il y a votre numéro de téléphone et le code PIN.

(...) Voir transcription p. 101

(...) Voir transcription p. 101

2. Écoutez les questions et associez aux images.

a. Qui est Yvan Bourget ?

b. Quel est l'identifiant de l'ordinateur de Nicolas Schmitt ?

c. Yvan Bourget donne quel type d'ordinateur à Nicolas Schmitt ? Pourquoi ?

d. Quels logiciels sont installés sur l'ordinateur ?

e. Qu'est-ce que Nicolas veut installer sur son téléphone ?

Les mots pour

- Le service informatique
- Un ordinateur fixe / un ordinateur portable
- Un mot de passe
- Un identifiant (un login)
- Une adresse de messagerie / Une adresse e-mail
- Un smartphone
- Une application
- Un logiciel
- Installer

a

b

MARS
6

c

d

GRAMMAIRE

L'interrogation

■ L'interrogation simple
- *Vous travaillez chez Air France ?* (intonation montante ↗)
- *Est-ce que* vous travaillez chez Air France ?
- *Travaillez-vous* chez Air France ? (inversion sujet-verbe)

■ L'interrogation totale
- *Qui* sont vos collaborateurs ?
- *Quel* est votre nom ?
- *Quand* tu commences ton nouveau travail ?
- *Où* est le bureau du directeur ?
- *Combien* vous êtes dans l'entreprise ?
- *Comment* ça va ?

1 **Lisez les réponses et posez les questions.**

- -

a. Je travaille chez Danone.
b. Il y a sept personnes dans mon département.
c. Mon nom est Fabien Villar.
d. J'habite à dix kilomètres de Lyon.

2 **Écoutez de nouveau le dialogue de l'activité 1 et donnez un exemple.**

- -

a. d'interrogation simple à intonation montante ;
b. d'interrogation simple avec *est-ce que* + sujet + verbe ;
c. d'interrogation totale.

2 Les emails

3. Lisez et répondez.

Alerte aux emails !

Les Français traitent en moyenne 88 mails par jour. C'est beaucoup ! Et après ils sont stressés et ils ne sont pas efficaces au travail ! Des entreprises prennent des mesures, par exemple des journées sans e-mail. Ces jours-là, on ne touche pas à sa messagerie. C'est interdit ! Les journées sans emails, les collègues échangent plus entre eux. Le stress diminue et la productivité augmente !

Phonétique

🎧 **L'intonation : les phrases affirmatives et interrogatives**

■ **L'affirmation**
- Marie travaille dans l'alimentation. →
- Il est en réunion. →

■ **L'interrogation**
- Il est en réunion ? ↗
- La mutuelle est obligatoire ? ↗
- Est–ce que la mutuelle est obligatoire ? →

■ **Écoutez et dites si vous entendez une affirmation ou une interrogation.**

a. Combien de mails les Français traitent par jour ?
b. Quelles sont les conséquences des nombreux emails sur les salariés ?
c. Qu'est-ce qui est interdit certains jours ?
d. Qu'est-ce qui se passe quand les employés n'ont plus de mails ?

Les mots pour

- Le stress / Être stressé(e)
- Être efficace ≠ Être inefficace
- Une mesure
- Une messagerie
- La productivité
- En moyenne
- Interdit
- Traiter
- Échanger
- Diminuer ≠ Augmenter

↘ **Micro-tâche**

Vous venez d'arriver dans une entreprise. Vous interrogez un collègue sur l'entreprise, le matériel informatique... Jouez la scène à deux.

Vêtement de travail et image d'entreprise

La tenue professionnelle peut être un casse-tête au moment des entretiens d'embauche. Cravate ? Chaussures ouvertes ? Tailleur ? Très formel ? Décontracté ? Chic ? Le dress code fait partie de l'identité de l'entreprise.

Est-ce que l'employeur peut exiger de ses salariés d'adopter une tenue professionnelle ?
Le Code du travail protège les salariés sur ce point, mais il précise que la loi prévoit des restrictions à cette liberté. Elles peuvent se justifier par la nature de la tâche à accomplir.

Dans quels cas l'employeur peut-il imposer le vêtement de travail de ses employés ?
Les dispositions sur la tenue professionnelle adaptée sont précisées dans le règlement intérieur.
Il existe trois raisons principales qui imposent un vêtement de travail de ses salariés :
1. des raisons de sécurité ;
2. des raisons d'hygiène (dans un bloc opératoire, un restaurant...) ;
3. des raisons d'image de marque de l'entreprise.
Sur ce troisième point, la notion de contact avec la clientèle constitue un critère déterminant de la tenue professionnelle.

D'après *Managerattitude.fr*, Marine Guillermou, 24/11/15

Dans votre pays, quelles sont les raisons qui imposent un vêtement de travail des salariés ?

« Votre entreprise impose un dress code ? » Résultats du sondage Monster 2015

Oui, il y a un dress code très formel : nous portons tous la même tenue / un uniforme	14%
Oui, il y a un dress code formel (jupe / tailleur ou costume cravate)	18%
Oui, il y a un dress code mais informel (par exemple pas de jean ou de débardeur)	13%
Non, il n'y a pas de dress code particulier	65%
Total	100%

D'après *Managerattitude.fr*, Marine Guillermou, 24/11/15

1. Est-ce qu'il y a un dress code dans votre entreprise ?
2. Si oui, qu'est-ce que vous devez porter ?

Entraînement aux examens

1 Compréhension de l'oral

Exercice 1

Vous commencez à travailler dans l'entreprise Astex. Votre supérieur vous présente quelques collègues. Ils portent des badges. Écoutez et associez les phrases aux badges.

a.

Clémentine Auger
Réception et accueil

b.

Esteban Lopez
Informatique

c.

Adrien Malaoui
Comptabilité

d.

Christiane Kahn
Ressources humaines

2 Compréhension des écrits

Exercice 2

Vous trouvez cette note sur votre bureau. Lisez et dites si les affirmations sont vraies ou fausses. Justifiez votre réponse.

> Patricia,
> Voilà ton mot de passe pour ton nouvel ordinateur : jK58n_P
> Tu peux changer de mot de passe par un autre plus facile pour toi ☺.
> Si tu as besoin de mon aide, tu peux m'appeler au 06 54 55 28 mais pas trop tard, je termine à 18 h.
> Tu peux m'envoyer un e-mail pour me confirmer que tout est ok ?
> Merci
> Caro

a. Patricia est une collègue de Caro.
b. Caro propose un rendez-vous à Patricia.
c. Patricia peut changer son mot de passe.
d. Caro ne travaille pas l'après-midi.
e. Patricia doit envoyer un mail à Caro.

3 Production orale

Exercice 3

Votre collègue, Albin Souvirat, quitte l'entreprise pour aller travailler en Angleterre. Vous annoncez la nouvelle à vos collègues et vous proposez de faire un pot de départ.

Exercice 4

Avec un(e) collègue, vous parlez du cadeau que vous pouvez faire, entre tous, à Albin.

4 Production écrite

Exercice 5

Vous êtes nouveau dans l'entreprise Astex. Vous écrivez un mail au service du personnel pour demander des informations. Par exemple, le numéro de téléphone de l'accueil, le nom et l'adresse e-mail de votre responsable, les vêtements que vous devez porter, etc.

1 Complétez les phrases avec les verbes *être* ou *avoir* au présent de l'indicatif.

a. Je … espagnol et je … 35 ans.
b. Nous … français et nous … 40 ans.
c. – Tu … suisse ? – Non, je … belge.
d. – Vous … des enfants ? – Oui, nous … une fille.
e. Elle … 45 ans et elle … journaliste.

2 Classez les noms de professions dans la bonne colonne puis donnez le masculin ou le féminin, selon le cas.

traducteur – ingénieure – actrice – directrice – réceptionniste – vétérinaire – vendeuse – employée – informaticien

Masculin	Féminin

3 Écoutez ces adresses mails et numéros de téléphone et complétez.

a. 06 … 13 … 21
b. … 57 … 12 16
c. …@gmail.com
d. Pierre-Armand12…
e. 04 … … 60 …

4 Mettez les phrases à la forme négative.

a. Ils sont canadiens.
b. Elle travaille dans une entreprise japonaise.
c. Nous avons 31 ans.
d. Ils parlent chinois.
e. Tu es ingénieur.

5 Complétez les présentations avec les bons mots.

a. Bonjour, je … Éric. J'ai 35 … et je … informaticien. Je travaille dans une … japonaise et je suis … avec Sylvie. Nous avons deux …, un fils et une …, Marc et Nina.
b. Bonjour, … m'appelle Juliette. Je … français et allemand. Je ne suis … mariée mais je suis en … avec Paul. … est belge et nous … un enfant. Il … 3 ans. Il … Étienne.

6 Associez chaque question à sa réponse.

a. Comment tu t'appelles ? •   • J'ai 42 ans.
b. Quel âge vous avez ? •   • Non, je suis marié.
c. Tu es célibataire ? •   • Je suis consultante.
d. Qu'est-ce que tu fais dans la vie ? •   • Gladys.

7 Lisez les réponses et posez les questions.

a. Je suis responsable de production.
b. Non, il est célibataire.
c. Nous sommes 25 employés.
d. Je travaille dans un bureau à Paris.
e. Mon nom est ALLIOT. Fabrice ALLIOT.

8 Complétez le texte avec les mots suivants.

emails – mot de passe – smartphone – ordinateur – messagerie

Aujourd'hui, consulter sa … professionnelle pour avoir accès à ses … est une chose simple. Vous pouvez recevoir vos courriers électroniques sur votre … portable dans le train ou sur votre … Vous n'avez pas à entrer votre … à chaque connexion.

9 **Trouvez l'intrus et justifiez.**

a. chilien – mexicaine – français – belge – turc

b. suisse – américain – péruvien – canadien

c. espagnole – anglais – portugaise – française

d. irlandais – canadien – portugais – anglais

10 **Complétez avec un article défini ou indéfini.**

a. ... société de cosmétiques *Travios* a ... directeur américain.

b. ... comptable de ... entreprise *Jopou* est portugais.

c. Dans ... département des ressources humaines de ... société *Petita*, il y a ... directeur et ... responsable pour chaque service.

11 **Quelles sont les professions de ces personnes ? Dans quels secteurs d'activités elles travaillent ? Décrivez les vêtements qu'elles portent.**

12 **Remettez les phrases dans l'ordre.**

a. une / robe / c'est / jolie

b. travaille / agroalimentaire / il / dans / secteur/ le

c. est / elle / entreprise / une / dans / directrice / grande / cosmétiques / de

d. responsable / humaines / c'est / japonaise / société / le / une / des / ressources / dans

e. porte / il / noires / chaussures / des / un / pantalon / gris / et / une / chemise / blanche

13 **Posez les questions d'une manière différente.**

a. Tu travailles dans l'industrie pharmaceutique ?

b. Est-ce que vous êtes responsable logistique ?

c. Vous parlez japonais ?

d. Elle a rendez-vous ?

e. Est-ce qu'ils sont belges ?

Préparer l'arrivée d'un nouveau collaborateur

Objectif : préparer l'arrivée d'un nouveau collaborateur et réaliser un document type des étapes du parcours d'accueil pour chaque nouvelle prise de poste. Travail en petits groupes. Chaque groupe réalise une étape.

Étape 1
Vous listez les informations importantes à donner au nouveau collaborateur : le nom des collègues et leur poste, les lieux de l'entreprise (bureaux, accueil, cafétéria, restaurant d'entreprise, etc.).

Étape 2
Vous listez les documents importants à donner au nouveau collaborateur : règlement intérieur, liste de téléphones, etc.

Étape 3
Vous faites la liste des moyens mis à sa disposition : voiture de fonction, téléphone, ordinateur, chèques restaurant, etc.

Étape 4
Vous définissez le parcours du collaborateur le premier jour dans l'entreprise : visite des lieux, présentation de l'équipe, réunion, etc.

Étape 5
Vous mettez en commun le travail de chaque groupe et reportez le tout sur une carte mentale.

Mon installation

PRÉSENTATION DES CONTENUS

Je décris les locaux de mon entreprise et mon appartement,
je me situe dans l'espace, je présente différents types
de bureau, je parle de mes goûts et de mes préférences,
je parle du bien-être au travail.

J'ai besoin des éléments grammaticaux suivants :
Les articles définis et les articles indéfinis
Les nombres ordinaux (*premier, deuxième...*)
Les pronoms toniques
Exprimer ses goûts (*aimer, adorer, détester, préférer*)
Pourquoi ? Parce que...

J'ai aussi besoin des outils lexicaux suivants :
Les locaux
de l'entreprise
Les pièces de la maison
Le mobilier
Le petit matériel
de bureau
La localisation
spatiale
Le bien-être

Mon installation

1 Les locaux

1. Écoutez le dialogue avec l'agent immobilier et répondez.

L'agent immobilier : Bonjour madame, Cédric Thévené de l'agence Immo pour tous.

La cliente : Bonjour.

L'agent immobilier : Je vous en prie, entrez. L'appartement est au 3ᵉ étage et il y a un ascenseur.

La cliente : Oui, c'est important un ascenseur.

L'agent immobilier : Voilà c'est la porte à droite.

[...]

L'agent immobilier : Donc, l'entrée et à gauche, le séjour avec une cuisine américaine.

La cliente : Ah oui, c'est grand. C'est bien la cuisine n'est pas séparée.

(...) Voir transcription p. 101

a. Qui est Cédric Thévené ?
b. Où est l'appartement ?
c. Combien y a-t-il de pièces ?
d. Comment la cliente trouve l'appartement ?
e. Quels noms de la liste vous entendez ?
la cuisine – le salon – la cave – la salle à manger – la chambre d'amis – le jardin – le couloir – les toilettes – la salle de bains – le bureau – l'entrée – le balcon

---

GRAMMAIRE

Les articles

▪ **Les articles indéfinis**
Ils désignent une chose ou une personne inconnue, non identifiée.

un	**une**	**des**
un étage	*une pièce*	*des étages / des pièces*

▪ **Les articles définis**
Ils désignent une chose ou une personne déjà connue, identifiée.

le / l'	**la / l'**	**les**
le couloir	*la pièce*	*les pièces*
l'étage	*l'agence*	*les étages*

Les mots pour

• Un appartement
• Un ascenseur
• Un étage
• Un salon
• Une salle à manger
• Un séjour
• Une cuisine / Une cuisine américaine
• Une chambre
• Un couloir
• Une salle de bains
• Les toilettes
• Une pièce

---

1 Complétez avec le bon article défini.

a. C'est ... maison d'Antoine.
b. ... chambres sont à ...'étage.
c. ... cuisine est séparée.

2 Complétez avec le bon article indéfini.

a. Il y a ... salle de bains et ... chambres.
b. Est-ce qu'il y a ... ascenseur ?
c. La pièce du fond est ... bureau.

2. Observez le plan du premier étage de la société Vetali et répondez.

a. Regardez le plan de l'entreprise Vetali et citez les différentes pièces.

b. Vous êtes réceptionniste, où travaillez-vous ?

c. Dans quelle pièce ont lieu les conférences par Skype ?

d. Dans quelle pièce on imprime des documents ?

e. Les six commerciaux travaillent tous ensemble dans quelle pièce ?

Les mots pour

- Un bureau
- Un espace de reproduction
- Un serveur informatique
- Une salle de réunion
- Une visioconférence
- L'accueil
- Un open space
- Un local de ménage

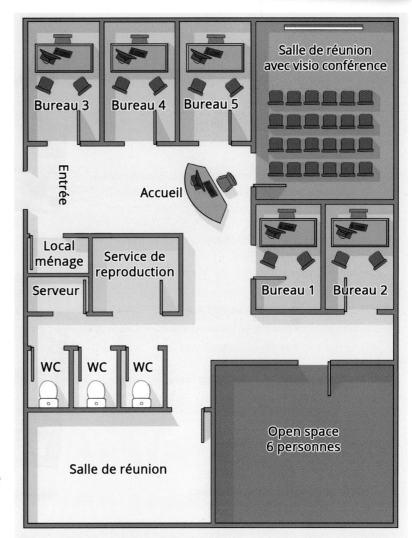

2 Où c'est ?

 (...) Voir transcription p. 101

3. Écoutez les quatre dialogues et répondez.

a. Qu'est-ce qu'il y a à droite en sortant de l'ascenseur ?

b. Où se trouvent les toilettes ?

c. Où est le bureau de Tania Marin ?

d. Expliquez où se trouve la cantine.

Les mots pour

- À droite de
- Sur
- À côté de/ près de
- À gauche de
- Sous
- Derrière
- Entre ... et ...
- En face de
- Devant

↘ Micro-tâche

En binôme, un apprenant décrit les locaux de son entreprise et un autre reproduit un plan des locaux d'après les indications données.

En groupe, un apprenant fait le plan au tableau à partir des indications données par les autres apprenants.

GRAMMAIRE

■ Les nombres ordinaux se forment pour la plupart à partir du nombre suivi de « –ième ».

2 → deuxième ; 3 → troisième ; 6 → sixième ; 10 → dixième ; 25 → vingt-cinquième ...

⚠ Pour 1 (un), on dit **premier**. Pour 2 (deux), on dit **deuxième**. Mais on dit **second** s'il n'y a pas de troisième.

1 Remplacez le nombre entre parenthèses par un nombre ordinal.

a. Amazon est le (*1*) pour le e-commerce.

b. Le bureau de Nina est dans le (*15*) arrondissement de Paris.

c. Raoul habite au (*10*) étage.

d. C'est la (*3*) porte à gauche.

3
UNITÉ

Mon installation

1 Mon espace de travail

🎧 (...) Voir transcription p. 101

1. Écoutez et répondez.

a. Dans quel type de bureau travaille l'homme qui parle ? Et la femme ?

b. Dites si les phrases sont vraies ou fausses et justifiez vos réponses.

   1. Dans le bureau de l'homme, l'ambiance est bonne.

   2. L'homme travaille de temps en temps de chez lui.

   3. La femme travaille avec 12 personnes dans son bureau.

   4. La femme déjeune tous les jours à la cantine de l'entreprise.

c. Associez chaque présentation à la bonne photo.

GRAMMAIRE

Les pronoms toniques

Pronoms sujets		Pronoms toniques
je	→	moi
tu	→	toi
il / elle	→	lui / elle
nous	→	nous
vous	→	vous
ils / elles	→	eux / elles

• ***Moi***, *je travaille dans un bureau.*
• ***Lui***, *il est dans le bureau 226.*

Les pronoms toniques sont aussi utilisés après une préposition comme « avec » ou « chez » :
• *Je travaille de **chez moi**.*
• *Paul travaille **avec eux**.*

---

1 Complétez avec un pronom tonique.

a. Aurélia et Fabrice ? ..., ils travaillent de chez ... .

b. Mia, ..., elle est seule dans son bureau.

c. Lise et Célia ? ..., nous travaillons avec ... .

d. Adrien, ..., il travaille dans un open space.

e. ..., vous travaillez où ?

2. Observez le bureau de Romain et répondez.

a. Où sont les lunettes de Romain ?

b. Qu'est-ce qu'il y a à droite de l'ordinateur ?

c. Combien de feutres y a-t-il sur le bureau ?

d. Où sont rangés les dossiers de Romain ?

e. D'après l'écran de l'ordinateur, quel est le travail de Romain ?

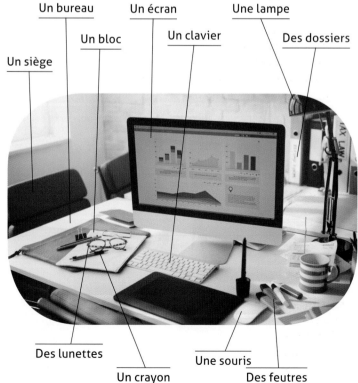

Un bureau   Un écran   Une lampe
Un bloc   Un clavier   Des dossiers
Un siège

Des lunettes   Une souris
Un crayon   Des feutres

3. Écoutez Alex et Juliette et répondez.

Juliette : Salut Alex, tu me montres ton nouvel appartement ?

Alex : Bien sûr Juliette, entre ! Alors je commence la visite par le séjour.

Juliette : C'est beau. Ton canapé est magnifique. Et il est grand ! Et J'adore la table basse.

Alex : Et mon fauteuil, tu le trouves comment ?

Juliette : Très sympa !

Alex : Maintenant, je te montre la chambre.

(...) Voir transcription p. 102

a. Quels meubles il y a dans le séjour ?
b. La visite se poursuit dans quelle pièce ?
c. Qu'est-ce qu'il manque dans la chambre ?
d. Quels sont les équipements de la cuisine ?

4. En binôme, demandez à un apprenant de décrire son bureau et de situer tout le matériel qu'il y a dans son espace de travail. L'autre apprenant fait le dessin et situe les éléments d'après les indications données.

Les mots pour

- Un canapé
- Une table basse
- Un fauteuil
- Une chaise
- Un bureau
- Un lit
- Un matelas
- Une cuisinière
- Un four
- Un lave-vaisselle

2 Le coworking

5. Lisez et répondez.

Qu'est-ce que le coworking ?

Aujourd'hui beaucoup de personnes travaillent de manière indépendante : graphistes, journalistes, bloggeurs, consultants… Ils n'ont pas de bureau, mais ils n'aiment pas rester seuls.
Et ils ont besoin d'un environnement stimulant. Ils n'ont pas tous le même travail mais ils ont besoin d'échanges. Alors ils s'organisent en réseau.
Ils se retrouvent dans des espaces aménagés pour le travail avec bien sûr des accès Internet. Ce sont aussi des espaces conviviaux avec bar, boissons chaudes, sièges confortables…
Dans certains espaces de coworking, il y a aussi des bureaux privés. Et en plus, ces espaces de coworking ne sont pas très chers : de 4 euros de l'heure à environ 200 euros par mois.

Le coworking, ou cotravail, c'est un peu comme une colocation.

a. Que signifie « coworking » ?
b. Qui pratique le « coworking » ?
c. Comment sont les espaces de coworking ?
d. Combien ça coûte ?
e. Expliquez la dernière phrase.

Les mots pour

- Un(e) graphiste
- Un(e) journaliste
- Un bloggeur / Une bloggeuse
- Un(e) consultant(e)
- Le coworking / Le cotravail
- Une colocation
- Indépendant(e)
- Stimulant(e)
- Convivial(e)
- En réseau
- Se retrouver

↘ Micro-tâche

Vous cherchez un espace de travail partagé. Vous écrivez une annonce. Vous précisez votre recherche : le type de lieu, votre matériel de travail, pourquoi… (De 60 à 80 mots).

Phonétique

 Le « e » final non prononcé

Quand le « e » final ne porte pas d'accent, on ne le prononce pas.
Écoutez et répétez.

- la cuisine [lakyizin]
- la chambre [laʃɑ̃bʀ]
- au deuxième étage [odøzjɛmetaʒ]

- une lampe [ynlɑ̃p]
- un feutre [ɛ̃føtʀ]
- l'agence [laʒɑ̃s]

3 Mon installation

1 J'aime, je n'aime pas

 (...) Voir transcription p. 102

1. Écoutez. Associez les situations et les lieux.

2. Lisez le forum et répondez.

a. Qu'est-ce que le télétravail ?
b. Qui aime travailler au bureau ?
c. Qui préfère travailler à la maison ?
d. Faites des phrases avec les étiquettes proposées.

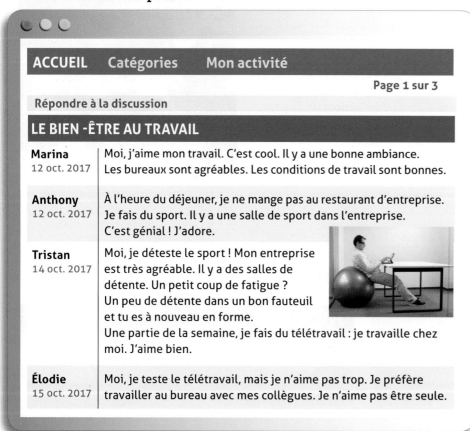

| ACCUEIL | Catégories | Mon activité |

Page 1 sur 3

Répondre à la discussion

LE BIEN-ÊTRE AU TRAVAIL

Marina
12 oct. 2017
Moi, j'aime mon travail. C'est cool. Il y a une bonne ambiance. Les bureaux sont agréables. Les conditions de travail sont bonnes.

Anthony
12 oct. 2017
À l'heure du déjeuner, je ne mange pas au restaurant d'entreprise. Je fais du sport. Il y a une salle de sport dans l'entreprise. C'est génial ! J'adore.

Tristan
14 oct. 2017
Moi, je déteste le sport ! Mon entreprise est très agréable. Il y a des salles de détente. Un petit coup de fatigue ? Un peu de détente dans un bon fauteuil et tu es à nouveau en forme. Une partie de la semaine, je fais du télétravail : je travaille chez moi. J'aime bien.

Élodie
15 oct. 2017
Moi, je teste le télétravail, mais je n'aime pas trop. Je préfère travailler au bureau avec mes collègues. Je n'aime pas être seule.

Marina	Anthony
Tristan	Élodie
adore	aime
n'aime pas	déteste
préfère	
le sport	son travail
le télétravail	être seule
travailler au bureau	

3. Écrivez une contribution pour le forum. Donnez votre avis. Dites ce que vous aimez ou n'aimez pas.

1 **Conjuguez au présent.**

a. Hélène (préférer) travailler au bureau.
b. Nous (détester) le télétravail.
c. Ils (adorer) leur espace de travail.
d. Je (aimer) travailler en open space.

 4. Vous parlez de vos goûts, de vos préférences. Jouez la scène à deux.

2 **Des bonnes conditions de travail**

 5. Écoutez l'interview et répondez.

Journaliste : Aujourd'hui, des entreprises importantes sont très attentives au bien-être des employés. Pourquoi ?
Femme : Eh bien tout simplement parce qu'un salarié heureux travaille mieux ! C'est bénéfique pour l'entreprise.
Journaliste : Alors par quoi passe le bien-être des salariés ?

Femme : Les locaux d'abord. Il est important de travailler dans un cadre agréable, convivial, relaxant. Par exemple chez Critéo, à Paris, les locaux sont vastes, lumineux, très modernes. Les directeurs ont des bureaux individuels, les autres salariés travaillent dans des open spaces. Et il y a de petites salles de réunion pour une ambiance plus tranquille.
Journaliste : Pourquoi il y a des jeux vidéo, un baby-foot, une table de ping-pong chez Critéo ?
Femme : Parce que les employés ont besoin de se détendre, de s'amuser. Une pause ping-pong et hop, c'est reparti !
Et les parties de baby-foot se révèlent parfois très utiles. Des problèmes trouvent leur solution pendant une partie de baby-foot...

(...) Voir transcription p. 102

a. Où se trouvent les bureaux de Critéo ?
b. Décrivez les différents espaces de Critéo.
c. Décrivez les différents équipements de Google Montréal.
d. Pourquoi il y a ces équipements chez Google Montréal ?

GRAMMAIRE

Pourquoi / Parce que

■ **Question**
• **Pourquoi** il y a des jeux-vidéos et des baby-foot ?
• **Pourquoi** chez Google Montréal il y a des douches et des vestiaires ?

■ **Réponse**
• **Parce que** nous aimons les ambiances sympas.
• **Parce qu'**il y a une salle de sport pour les employés.

GRAMMAIRE

Exprimer ses goûts

■ **Aimer** ☺
• *J'aime le sport. J'aime travailler.*

■ **Adorer** ☺
• *Ivan adore le sport. Ivan adore travailler.*

■ **Détester** ☹
• *Tu détestes le sport. Tu détestes le télétravail.*

Préférer

je préf**è**re	nous préf**é**rons
tu préf**è**res	vous préf**é**rez
il, elle, on préf**è**re	ils, elles préf**è**rent

Les mots pour

- Le bien-être
- Un cadre
- Une ambiance
- Une pause
- Une salle de jeux, de massage, de sport
- Être attentif/attentive
- Bénéfique

- Agréable
- Convivial(e)
- Relaxant(e)
- Vaste
- Lumineux / Lumineuse
- Moderne
- Tranquille
- Se détendre
- S'amuser

↘ Micro-tâche

Vous participez à un forum Internet sur le bien-être dans les entreprises. Vous parlez des espaces de détente de votre entreprise. (environ 60 mots)

Les Français au bureau : ordonnés ou désordonnés ?

Selon une étude réalisée, 66 % des Français ont besoin d'un bureau bien rangé pour être efficaces au travail.

Des chercheurs américains mènent l'enquête et révèlent que travailler sur un bureau sale et mal rangé augmente le niveau de stress, impacte la motivation de l'employé et expose le travailleur à la fatigue professionnelle. Un bureau désordonné ne rend pas une personne plus productive mais ces chercheurs américains constatent qu'un bureau désordonné rend un employé plus créatif et innovant.

D'après *courriercadres.com*, publié lundi 20 mars 2017, par Julie Tadduni

1. À votre avis, est-ce qu'on est plus créatif si on a un bureau désordonné ?
2. Comment est votre bureau, ordonné ou désordonné ? Dites pourquoi.

Des espaces de coworking originaux

À Lisbonne, au Portugal, le Village Underground ouvre en 2014. Des containers ou des bus graffés forment cet espace de coworking avec salles de conférences, studio d'enregistrement ou bureaux loués à la journée ou au mois.

À Paris, la start-up Wildesk propose, en 2016, son premier espace de coworking « wildone ». Il permet de travailler plus près de la nature. Ici, il s'agit d'une caravane mais la start-up propose aussi des cabanes en bois en pleine nature.

En Normandie, la Mutinerie (espace de coworking parisien) crée une annexe, La Mutinerie Village, au milieu des champs et des bois. On trouve des poules, des moutons, des jardins mais aussi un réseau Internet en haut débit, des vidéoprojecteurs...

On travaille loin de la ville et de son agitation et on peut se ressourcer au contact de la nature.

D'après *wedemain.fr*, publié le 15 Novembre 2016 par Ronan Guesnerie

1. Quel espace de coworking, présenté ici, vous préférez ?
2. À votre tour, imaginez un espace coworking original.

3
UNITÉ

Entraînement aux examens

DELF Pro
Diplôme de la chambre de commerce

1 Compréhension de l'oral

Exercice 1
Vous allez entendre 4 petits dialogues. Écoutez et associez chaque dialogue à la bonne photo.

a.

b.

c.
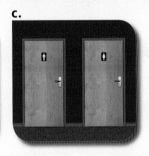

d.

2 Compréhension des écrits

Exercice 2
Des employés parlent des équipements de leur entreprise sur un forum. Lisez et répondez.

Lydie : Moi, j'adore les équipements de mon entreprise. Nous avons des bureaux paysagers, c'est très sympa pour l'esprit d'équipe. Il y a beaucoup d'espaces pour déconnecter du travail comme un gymnase, une salle de pause avec un baby-foot et des canapés. Il y a aussi une pièce qui sert de cuisine. C'est super quand on ne veut pas aller manger au restaurant de l'entreprise.

Arnaud : Dans mon entreprise, nous avons une petite salle de pause avec des fauteuils. Nous travaillons dans des bureaux paysagers. Je n'aime pas beaucoup parce qu'il y a du bruit. Il y a des petits bureaux individuels pour les rendez-vous avec des clients. Et pour se détendre, il y a une salle de sport. L'entreprise organise des cours de yoga et de pilates, c'est vraiment bien, j'adore faire du sport avec mes collègues.

a. Que peut faire Lydie au travail pour se détendre ?

1.

2.

3.

b. Dans quel type de bureau travaille Lydie ?
c. Dans la salle de sport de l'entreprise d'Arnaud, on organise des activités. Lesquelles ?
d. Qu'est-ce qu'Arnaud n'aime pas dans son entreprise ?

3 Production orale

Exercice 3
Choisissez 6 mots et posez une question avec chaque mot choisi.

| Télétravail | Coworking | Ambiance | Canapé | Cafétéria | Open space |

| Photocopieuse | Cuisine | Machine à café | Pause | Ordinateur | En face de |

Exercice 4
Vous avez un nouveau collègue dans votre open space. Vous faites visiter l'entreprise à ce nouveau collègue. Vous montrez les équipements et les espaces et vous répondez à ses questions.

4 Production écrite

Exercice 5
Vous réagissez à des commentaires sur un forum qui parle du télétravail. Vous expliquez ce que c'est, vous dites si vous faites ou non du télétravail et si vous aimez ou non.

Réaménager un espace de travail

Objectif : présenter un espace de votre entreprise et refaire l'aménagement et la décoration de cet espace.

Étape 1
Vous choisissez et décrivez un espace de votre entreprise. Vous donnez un maximum de détails (mobilier, situation des objets, etc.).

Étape 2
Vous faites un plan/dessin de cette pièce et vous situez tous les objets.

Étape 3
Vous faites une liste du mobilier à acheter pour aménager cet espace.

Étape 4
Vous faites une description précise de tout le mobilier, des objets choisis et vous situez le tout dans la pièce.

Étape 5
Vous faites un dessin de cette pièce et de tous les objets que vous placez.

Étape 6
Vous préparez une présentation orale de cette pièce.

Mon emploi du temps

UNITÉ 4

PRÉSENTATION DES CONTENUS

Je donne la date, je parle de mon emploi du temps, je dis et je demande l'heure, je consulte des horaires, je prends des rendez-vous, j'annule des rendez-vous, je donne des ordres.

J'ai besoin des éléments grammaticaux suivants :
- Les adjectifs démonstratifs
- Les verbes *aller, vouloir, pouvoir* et *devoir*
- L'impératif

J'ai aussi besoin des outils lexicaux suivants :
- Les jours de la semaine et les mois
- Les moments de la journée
- Les saisons
- Demander et dire l'heure
- Les formules de politesse à l'écrit

4 UNITÉ — Mon emploi du temps

1 La date

 (...) Voir transcription p. 102

1. Écoutez et associez.

16/11   29/02/2016   23/09

25/05/1985   08/11

Les mots pour

La semaine
- Lundi
- Mardi
- Mercredi
- Jeudi
- Vendredi
- Samedi
- Dimanche } Le week-end

Les mois
- Janvier
- Février
- Mars
- Avril
- Mai
- Juin
- Juillet
- Août
- Septembre
- Octobre
- Novembre
- Décembre

 (...) Voir transcription p. 102

2. Écoutez les dates et écrivez.

Écrire la date
jour/mois/année
26 novembre 1998 = 26/11/1998

Dans une lettre
Mercredi 28 juin 2017
ou Le 28 juin 2017

 3. Écoutez les deux femmes et répondez.

Femme 1 : Quelle journée !
Femme 2 : Ah oui ! Ce matin, réunion à 9 heures avec la direction. Tu parles d'un début de semaine.
Femme 1 : Et cet après-midi, comité de gestion ! C'est dur pour un lundi.
Femme 2 : Oui, mais ce soir tu rentres chez toi. Demain soir, nous avons un dîner avec notre partenaire espagnol.
Femme 1 : Vivement la fin de cette semaine !
Femme 2 : Au fait, en fin de matinée, tu participes au rendez-vous avec monsieur Barquin ?
Femme 1 : Monsieur Barquin de Celtix ?
Femme 2 : Oui, monsieur Barquin de Celtix.
Femme 1 : Je ne sais pas. Je regarde mon agenda. Ah oui et en fin de journée, je rencontre un nouveau client, Max Berst.

a. Que se passe-t-il ce matin ?
b. Et cet après-midi ?
c. Quand a lieu le déjeuner avec le partenaire espagnol ?
d. Qui est Max Berst ?

GRAMMAIRE

Les adjectifs démonstratifs

	Masculin	Féminin
Singulier	ce jour / cet* après-midi	cette nuit
Pluriel	ces jours / ces après-midis	ces nuits

* « ce » devient « cet » devant une voyelle.

Les mots pour
- Le matin
- L'après-midi
- Le soir
- La nuit
- En début de matinée / d'après-midi
- En fin de matinée / d'après-midi
- Hier
- Aujourd'hui
- Demain

1 Complétez avec un adjectif démonstratif.

a. Tu es là … après-midi ?
b. Je ne suis pas libre … mercredi.
c. … semaine nous sommes à Hambourg.
d. … mois-ci, nous avons beaucoup de travail.
e. … année les résultats de l'entreprise sont excellents.

2 | Les saisons

4. Lisez et associez avec la bonne image.

a. Le séminaire de cette entreprise a toujours lieu au mois de juillet, en été.

b. Le salon de l'Auto de Paris se déroule à l'automne, au mois d'octobre.

c. En hiver, à la fin de l'année, on clôture les comptes.

d. Marco change de travail au printemps, en avril.

> ### Les mots pour
>
> **Les saisons**
> - Le printemps
> - L'automne
> - L'été
> - L'hiver

5. Donnez la saison.

Exemple : *La foire internationale d'art a lieu du 19 octobre au 22 octobre.*
→ *C'est en automne*

a. L'anniversaire de Lucie est le 1er juillet.

b. La fête de la musique est le 21 juin.

c. La réunion des délégués est le 12 janvier.

d. Le 29 mai, c'est la fête des voisins.

e. Nous ouvrons un nouveau magasin le 7 octobre.

6. Lisez le document et répondez.

> ## Quelques jours fériés en France
>
> → 1er janvier : nouvel an
>
> → 1er mai : la fête du travail
>
> → 8 mai : commémoration de la Seconde Guerre mondiale
>
> → 14 juillet : la fête nationale
>
> → 11 novembre : commémoration de la fin de la Première Guerre mondiale
>
> → 25 décembre : Noël
>
> En France, le 1er mai, les gens donnent du muguet.

a. Qu'est-ce qui se passe en France le 1er mai ?

b. Est-ce qu'on travaille le 25 décembre ?

c. Quels sont les jours fériés en automne ?

d. Quand est la fête nationale en France ?

e. Qu'est-ce qu'un jour férié ?

7. Interrogez votre voisin(e) comme dans l'exemple.
→ *La fête du travail, c'est quand ?*

> **↘ Micro-tâche**
> *Présentez les jours fériés dans votre pays, comme dans le document de l'activité 6.*

4 UNITÉ

Mon emploi du temps

1 L'heure

 (...) Voir transcription p. 102

1. Écoutez et associez les dialogues aux horloges.

a.  b.  c.  d. 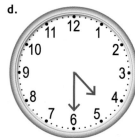 e.

 (...) Voir transcription p. 102

2. Écoutez et notez les heures en chiffres.

3. Écoutez et donnez l'emploi du temps de monsieur Sinclair.

> *Monsieur Sinclair, responsable marketing chez Exia, raconte une journée type au travail.*
> Eh bien, en général, je commence à 9 heures. Je lis mes mails, je regarde l'emploi du temps de la journée. J'ai des réunions tous les jours. Je peux en avoir le matin et l'après-midi. Vers 12 heures 45-13 heures, je déjeune. Je vais à la cantine avec mes collègues. On discute de choses et d'autres. C'est une pause agréable. Mais parfois, j'ai des déjeuners de travail avec des clients. C'est sûr, c'est sympa, on va au restaurant, mais je dois rester concentré. C'est du travail ! L'après-midi j'enchaîne les rapports, les réunions, les appels téléphoniques, les mails…

(...) Voir transcription p. 102

 4. Racontez une journée type au travail. Précisez bien les horaires.

Savoir dire

Demander l'heure
- Quelle heure est-il ? / Il est quelle heure ?
- Vous avez l'heure, s'il vous plaît ?
- À quelle heure est la réunion ?

Dire l'heure le matin
- Il est 8 heures, 9 heures, 11 heures…
- Il est 12 heures. = Il est midi.

Dire l'heure l'après-midi
- Il est 1 heure de l'après-midi. / Il est 13 heures.
- Il est 3 heures de l'après-midi. / Il est 15 heures.
- Il est 9 heures du soir. / Il est 21 heures.
- Il est 24 heures. = Il est minuit.

- Il est 10 h 15. / Il est 10 heures et quart.
- Il est 14 h 30. / Il est 2 heures et demie.
- Il est 11 heures moins dix. / Il est 10 h 50.
- Il est 9 heures moins le quart. / Il est 8 h 45.

GRAMMAIRE

Les verbes *aller, vouloir, pouvoir, devoir*

Aller	Vouloir	Pouvoir	Devoir
je vais	je veux	je peux	je dois
tu vas	tu veux	tu peux	tu dois
il/elle/on va	il/elle/on veut	il/elle/on peut	il/elle/on doit
nous allons	nous voulons	nous pouvons	nous devons
vous allez	vous voulez	vous pouvez	vous devez
ils/elles vont	ils/elles veulent	ils/elles peuvent	ils/elles doivent

5. Réécoutez l'enregistrement de l'activité 3 et complétez avec les verbes *aller, vouloir, pouvoir* et *devoir*.

a. J'ai des réunions tous les jours. Je … en avoir le matin et l'après-midi.

b. Je … à la cantine avec mes collègues.

c. Parfois, j'ai des déjeuners de travail. Alors on … au restaurant, mais je … rester concentré.

d. Je n'arrête pas car je … partir à 18 h 30.

e. Nous … profiter de nos enfants !

6. Choisissez la bonne réponse.

a. À *cinq / dix-sept* heures de l'après-midi.
b. Quelle heure est-*il / elle* ?
c. Trois heures et *demie / la demie*.
d. La visite est en fin de *matin / matinée*.
e. La réunion est à *dix-huit / six* heures moins le quart.

2 Les horaires des commerces

7. Observez ces documents et répondez.

a. Quand la pharmacie est-elle ouverte ?
b. Est-ce que je peux dîner Chez Victor le samedi soir ?
c. La sous-préfecture est ouverte quels jours ?
d. Quand la boulangerie est-elle fermée ?

Le saviez-vous ?
L'horloge indique :

Un Français écrit : 9 h 11
Un Espagnol écrit : 9:11
Un Américain écrit : 9:11 am
Et vous, comment l'écrivez-vous ?

SOUS-PREFECTURE

HEURES D'OUVERTURE

AU PUBLIC

LUNDI - MARDI - JEUDI - VENDREDI
DE 9ʰ A 12ʰ 30 ET DE 13ʰ 30 A 16ʰ

Ouverte 24 h/24 et 7 jours sur 7
1, avenue de la Paix 67000 Strasbourg

PHARMACIE

Chez Victor
Ouvert midi et soir
11h30-14h30 et 19h-23h
Tél. 04 94 84 25 63
Fermé le dimanche soir.

↘ Micro-tâche

*Donnez les horaires de votre pays :
ouverture des magasins, ouverture des
administrations, horaires de travail...
Préparez un petit document.*

Phonétique

 Les sons [b] et [v]

■ **1. Écoutez et répétez. Insistez sur le son [b].**
  a. Bonjour Barbara, la réunion est dans le bureau 12.
  b. La boulangerie est bien là–bas ?
  c. Béatrice est libre en octobre ?

■ **2. Écoutez et répétez. Insistez sur le son [v].**
  a. Vous voulez travailler en février ?
  b. Je viens vers midi.
  c. Vincent, nous avons beaucoup de travail !

■ **3. Écoutez. Vous entendez [b] ou [v] ?**

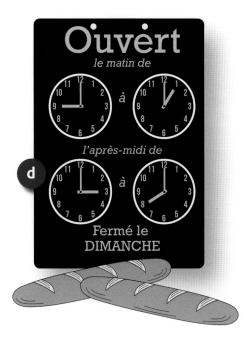

Ouvert
le matin de
à
l'après-midi de
à
Fermé le
DIMANCHE

4 UNITÉ

Mon emploi du temps

1 Un rendez-vous professionnel

 (...) Voir transcription p. 103

1. Écoutez les trois dialogues et répondez.
a. Quand monsieur Tarard est-il disponible ?
b. Quand est fixé le rendez-vous avec madame Perrault ?
c. Quel est le problème de monsieur Péricourt ?
d. Quel est le poste de madame Fauvert ?
e. Pourquoi madame Bardet appelle ?

2. Lisez les emails et répondez.

Les mots pour

- Un rendez-vous
- Un empêchement
- Un déplacement
- Les vacances
- Être libre
- Être disponible
- Être possible
- Être désolé(e)
- Annuler
- Confirmer
- Fixer
- Vérifier

De : Marina
À : Léa
Objet : **Réunion**

Bonjour Léa,

La réunion est jeudi prochain, le 12 avril à 14 heures, en salle 425.

Marina

De : Léa
À : Marina
Objet : **Réunion**

Bonjour Marina,

Quand a lieu la réunion de production du 2e trimestre ?

Merci.

Léa

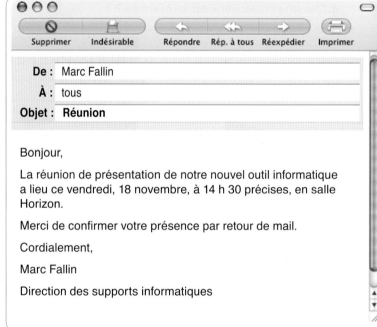

De : Marc Fallin
À : tous
Objet : **Réunion**

Bonjour,

La réunion de présentation de notre nouvel outil informatique a lieu ce vendredi, 18 novembre, à 14 h 30 précises, en salle Horizon.

Merci de confirmer votre présence par retour de mail.

Cordialement,

Marc Fallin

Direction des supports informatiques

---

a. Pourquoi Léa écrit-elle un mail à Marina ?
b. Quand a lieu la réunion de présentation du nouvel outil informatique ?
c. Qu'est-ce qu'Adrien Delmotte propose à madame Chomette ?
d. Quelle formule de politesse utilise Adrien Delmotte à la fin de son mail ?

De : Adrien Delmotte
À : Isabelle Chomette
Objet : **Réunion**

Madame,

Suite à votre courrier du 12 septembre 2017, nous souhaitons vous rencontrer. Nous vous proposons une réunion le 24 octobre prochain dans nos locaux.

Dans l'attente de vous rencontrer, recevez, Madame, nos salutations les meilleures.

Adrien Delmotte

Savoir dire

Terminer un mail
- Cordialement / Bien cordialement
- Recevez, Madame, Monsieur, nos salutations les meilleures.
- Avec nos salutations les meilleures.
- Dans l'attente de vous rencontrer...

---

3. Au téléphone, proposez, acceptez ou annulez un rendez-vous.

Regardez votre agenda. Jouez la scène à deux.

→ – *Vous êtes disponible demain à 18 heures 30 ?*
  – *Non, je suis désolé. J'ai un rendez-vous chez le dentiste.*

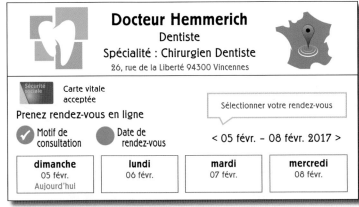

Lundi 22 Mai
9 h : Dentiste ....
10 h : ....
11 h : ....
12 h : ....
13 h : Déjeuner avec DG de l'entreprise ABCom .
14 h : ....
15 h : Réunion comptabilité ....
16 h : ....
16 h 30 : RV Gaëlle Bourgoin ....
17 h : ....
18 h : ....
18 h 30 : Dentiste ....
19 h : ....

2   Un rendez-vous médical

 (...) Voir transcription p. 103

4. Écoutez le dialogue et répondez.
a. Qui téléphone ?
b. Comment s'appelle le docteur ?
c. Quel jour est le rendez-vous ?
d. À quelle heure ?

5. Lisez et répondez.

Docteur Hemmerich
Dentiste
Spécialité : Chirurgien Dentiste
26, rue de la Liberté 94300 Vincennes

Carte vitale acceptée

Prenez rendez-vous en ligne

✓ Motif de consultation   ● Date de rendez-vous

Sélectionner votre rendez-vous

< 05 févr. – 08 févr. 2017 >

dimanche	lundi	mardi	mercredi
05 févr.	06 févr.	07 févr.	08 févr.
Aujourd'hui			

a. Où peut-on trouver ce document ?
b. Quel est la spécialité du docteur ?
c. Pour prendre rendez-vous, il y a deux choix à faire.
  Qu'est-ce qu'ils concernent ?

↘ **Micro-tâche**
Vous êtes en déplacement. Vous envoyez un email à votre assistant(e) et vous donnez des instructions pour annuler un rendez-vous et vous proposez une autre date.

3   Organiser une réunion

6. Lisez le mail et répondez.

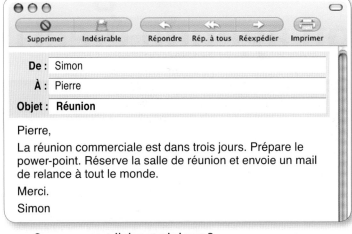

De : Simon
À : Pierre
Objet : **Réunion**

Pierre,
La réunion commerciale est dans trois jours. Prépare le power-point. Réserve la salle de réunion et envoie un mail de relance à tout le monde.
Merci.
Simon

a. Que se passe-t-il dans trois jours ?
b. Qu'est-ce que Pierre doit faire ?
c. D'après le ton du mail, comment sont les relations entre Pierre et Simon ?

 (...) Voir transcription p. 103

7. Écoutez et répondez.
a. Avec qui est-ce que Vincent déjeune aujourd'hui ?
b. Qu'est-ce que Vincent demande à Sibylle ? Faites la liste.
c. Que se passe-t-il demain ?

GRAMMAIRE

L'impératif

■ **Pour donner des instructions ou un ordre**
L'impératif se forme à partir du présent de l'indicatif. Il n'y a pas de pronom personnel sujet. Ce temps existe à seulement 3 personnes.

Réserver	**Chercher**
Réserve	Cherche
Réservons	Cherchons
Réservez	Cherchez

⚠ Les verbe « être » et « avoir » sont irréguliers à l'impératif.
  • *Être : sois, soyons, soyez*
  • *Avoir : aie, ayons, ayez*

1   Mettez les phrases à l'impératif comme dans l'exemple.

- -

• *Vous invitez les collaborateurs.*
→ *Invitez les collaborateurs !*

a. Vous écrivez un commentaire.
b. Tu cherches les coordonnées du client.
c. Nous réservons le restaurant pour 13 heures.
d. Tu es à l'heure à la réunion.

Êtes-vous agenda papier ou agenda électronique ?

L'agenda est un objet important et très utile. Mais quel agenda choisir ? Les avis sont partagés.

En fait, il y a deux catégories de professionnels :

– Les adeptes des smartphones pour des questions pratiques. Mais ils oublient quelquefois des rendez-vous car ils n'ont pas recopié le rendez-vous pris par téléphone sur la serviette en papier du café du coin.

– Les adeptes des agendas papier. Mais ils ne peuvent pas l'avoir toujours avec eux car il prend beaucoup de place. Alors, au bureau, c'est le recopiage des notes prises pendant les déplacements ou le coup de téléphone à la secrétaire : « Vous pouvez regarder, s'il vous plaît, si je suis libre jeudi prochain à 17 h 00 ? ».

Conclusion, il faut donc un smartphone pour passer les coups de téléphone et recevoir les mails (très pratique en déplacement) et un agenda papier pour tout noter une fois dans son bureau.

D'après Le Postarchives, *24/06/2011*

1. Quel agenda utilisez-vous, papier ou électronique ?
2. Vous êtes d'accord avec la conclusion de l'article ?

Selon un sondage Odoxa, 68 % de Français sont pour l'ouverture des magasins le dimanche mais pas pour travailler le dimanche.

Ils sont opposés à travailler le dimanche car ils associent ce jour au repos et à la famille.

Cependant, certains considèrent que le dimanche peut être « une journée de courses et de shopping », c'est-à-dire une journée comme les autres.

D'après SudOuest.fr *avec AFP, publié le 06/12/2015*

TRAVAIL

DOMINICAL

1. Travaillez-vous le dimanche ?
2. Pensez-vous que le dimanche est une journée pour le repos et la famille ?

Entraînement aux examens

1 Compréhension de l'oral

Exercice 1
Vous allez entendre 4 messages. Observez les 3 pages d'agenda.
Écoutez et choisissez la page qui correspond aux messages.

a.

9	Réunion de secteur
10	
11	
12	
13	Visite médicale
14	
15	Technicien informatique
16	
17	Appeler le Pérou
18	
19	

b.

9	
10	Réunion de secteur
11	Visite médicale
12	
13	
14	
15	
16	
17	Appeler le Pérou
18	
19	Technicien informatique

c.

9	
10	
11	Réunion de secteur
12	
13	Visite médicale
14	
15	
16	Appeler le Pérou
17	
18	
19	Technicien informatique

2 Compréhension des écrits

Exercice 2
Lisez les documents et les phrases. Quelles phrases sont vraies ?

Ferme Bio
Lundi : fermé
Mardi : 14 h 30 à 18 h
Mercredi : fermé
Jeudi : fermé
Vendredi : 14 h 30 à 19 h
Samedi : 10 h à 12 h
et 15 h à 17 h

a. La ferme Bio...
☐ est fermée le jeudi.
☐ est ouverte le vendredi matin.
☐ est ouverte le matin et l'après-midi, le samedi.

Bibliothèque Lucie Aubrac
Année scolaire

Lundi : 16 h à 18 h 30
Mercredi : 9 h 30 à 12 h 30 et 14 h à 17 h 30
Vendredi : 16 h à 18 h 30
Samedi : 9 h à 12 h 15

b. La bibliothèque...
☐ ouvre tous les jours de la semaine pendant l'année scolaire.
☐ est fermée le jeudi.
☐ ouvre le samedi matin.

3 Production orale

Exercice 3
Vous appelez un de vos clients pour convenir d'un rendez-vous de travail.
Vous parlez de la date, de l'heure, du lieu de l'entretien et du thème à traiter.

4 Production écrite

Exercice 4
Vous êtes l'assistant(e) du directeur de la société Alipro. Le directeur vous demande de convoquer tout le personnel à une réunion extraordinaire : les résultats sont négatifs et il va parler des futures mesures pour réactiver l'activité. Vous écrivez un e-mail à tous les employés.
Vous n'oubliez pas de préciser :
– le caractère obligatoire de la réunion ;
– le jour et l'heure ;
– le lieu ;
– l'ordre du jour.

1 **Complétez le texte avec les mots suivants.**

*entrée – couloir – salon – toilettes – salle de bains –
cuisine*

Cet appartement est idéal pour un jeune couple. Regardez, ici,
c'est une petite ... et, tout de suite à droite, vous avez une ... toute
équipée avec lave-vaisselle, micro-ondes, etc. Par ici, on arrive
au ... : vaste et lumineux, avec un grand canapé. Au bout de ce ...,
il y a la ..., équipée d'une douche, et juste à côté, les ... Et voilà,
nous avons fait le tour !

2 **Vous visitez les nouveaux bureaux de votre
entreprise avec l'agent immobilier.
Complétez avec un adjectif démonstratif.**

a. Pouvez-vous me montrer ... bureau ?
b. ... salle de réunion est très grande.
c. Où conduit ... couloir ?
d. ... fenêtres sont très petites.
e. Nous allons rénover ... espaces.
f. ... ascenseur ne fonctionne pas ?

3 **Regardez la photo et dites où se trouvent
les objets suivants.**

*les étagères – l'ordinateur – le clavier – les stylos –
la souris – la chaise – le bureau – les plantes –
les dossiers – la lampe – les tableaux*

Exemple : *Il y a un tableau* **entre** *les deux fenêtres.*

4 **Classez les mots ci-dessous par catégorie :
maison, bureau ou les deux.**

*un bureau – une cuisine américaine – un couloir –
une salle à manger – un open space – des toilettes –
une chambre d'amis – un local de ménage – une salle
de réunion – un salon – une salle de pause – un serveur
informatique – une chambre – une salle de bains –
un espace reproduction – des escaliers*

maison   bureau

5 **Complétez avec un nombre ordinal, comme dans
l'exemple.**

Exemple : *La Chine, producteur de sucre du monde.
(3) → La Chine est le troisième producteur de sucre
du monde.*

a. Les États-Unis, exportateur de vin. (4) → ...
b. L'Australie, plus grand pays. (7) → ...
c. TSONGA Jo-Wilfried, joueur de tennis au classement
mondial. (10) → ...
d. Engie, entreprise française. (8) → ...

6 **Regardez les photos et complétez les textes avec
les verbes *aimer, ne pas aimer, adorer, détester,
préférer.***

Sandy ... les escapades
en montagne après une
dure semaine de travail.
Elle ... la montagne mais
son mari ... la mer.
Elle ... les lieux fermés
et ... les grands espaces.
Elle ... le froid et l'hiver.

Max ... la compétition et ... perdre une course. Il ... les sports
de salle et les gymnases. Il ... faire du sport avec ses collègues
de bureau : c'est une bonne manière de se connaître.

7 Posez des questions ou répondez.

a. … ? ← Parce que nous sommes en hiver.
b. Pourquoi vous ne travaillez pas aujourd'hui ? → …
c. … ? ← Parce que c'est la fête de la musique.
d. Pourquoi c'est férié chez vous aujourd'hui ? → …
e. … ? ← Parce que c'est la fête du travail.

8 Faites des phrases avec un pronom tonique et écrivez la date, comme dans l'exemple.

Exemple : *Je suis né (30/06) – Lucie (01/07)*
→ *Je suis né **le trente juin** et **elle**, elle est née **le premier juillet**.*

a. Pierre commence à travailler chez Danone (15/02)
– Sophie et moi (10/03) → …
b. Vous travaillez dans cette entreprise depuis (12/09)
– Yolande et Sarah (20/10) → …
c. Elle inaugure l'exposition (07/10)
– j'inaugure un salon (27/11) → …
d. Albin et Esther se marient (18/07)
– Catherine et Luis (21/04) → …

9 Complétez avec la bonne réponse.

a. La réunion est à huit heures. C'est … (*l'après-midi – en fin de matinée – en début de matinée*)
b. Le cocktail d'inauguration a lieu le 12 novembre. L'ouverture du nouveau magasin est le 13 novembre, à neuf heures. C'est … (*hier soir – demain matin – demain après-midi*)
c. Je vais à l'aéroport. Chloé arrive à 19 heures 30. C'est … (*le soir – en fin de matinée – la nuit*)

10 Écoutez et associez avec la bonne photo.

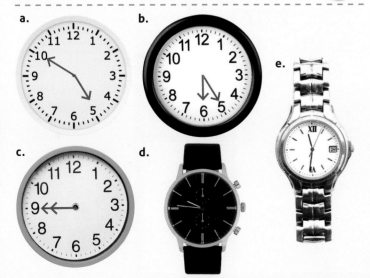

a. b. c. d. e.

11 Complétez avec les verbes *aller, vouloir* ou *pouvoir* à la forme qui convient.

a. – Tu … à la réunion ?
– Non, je ne … pas, j'ai un rendez-vous important.
b. – Vous … assister à la conférence ?
– Non, impossible. Merci, c'est gentil.
c. Paul et Isabelle … venir avec nous ; il y a de la place dans la voiture.
d. Ils … à une réunion importante en Belgique, parce qu'ils … obtenir un contrat exclusif.

12 Complétez cet e-mail avec les expressions qui conviennent.

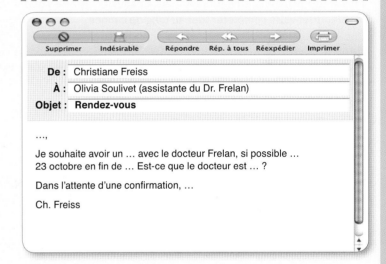

Supprimer Indésirable Répondre Rép. à tous Réexpédier Imprimer

De : Christiane Freiss
À : Olivia Soulivet (assistante du Dr. Frelan)
Objet : Rendez-vous

…,

Je souhaite avoir un … avec le docteur Frelan, si possible … 23 octobre en fin de … Est-ce que le docteur est … ?

Dans l'attente d'une confirmation, …

Ch. Freiss

13 Faites des phrases à l'impératif, comme dans l'exemple.

Exemple : *Vous pouvez annuler le rendez-vous ?*
→ *Annulez le rendez-vous !*

a. Vous devez réserver une salle pour la réunion générale.
→ …
b. Alicia, tu peux être ponctuelle demain ? → …
c. Camille, tu dois trouver un médecin, je suis malade. → …
d. Vous devez être à l'aéroport à 17 heures. → …

✈ Aéroport

Créer un calendrier pratique et culturel pour la classe

Objectif : réaliser un calendrier de classe et reporter différentes informations sur le calendrier.

Étape 1
En grand groupe, vous déterminez le format de votre calendrier : un grand carton, un tableau, un logiciel collaboratif, etc.

Étape 2
Vous choisissez les informations à mettre sur le calendrier : les vacances (du groupe, personnelles), les jours fériés, les absences prévues, etc.
Vous reportez également sur ce calendrier des informations relatives à la France et quelques pays francophones par exemple, la Belgique, la Suisse, le Québec. Vous écrivez les fêtes nationales, les événements culturels, sociaux et politiques.

Étape 3
Vous vous répartissez en petits groupes. Chaque groupe va s'occuper d'un type d'information pour alimenter le calendrier.
Le calendrier va se compléter tout au long de l'année.

Étape 4
Vous commencez, en grand groupe, à mettre des informations sur le calendrier. Chaque groupe propose une ou deux informations ; une personne écrit les informations sur le calendrier :

Exemples :
Le 18 avril, nous avons une évaluation.
Le 1er mai, on ne travaille pas ; c'est la fête du travail.

Étape 5
Vous cherchez des informations pertinentes dans les journaux, sur le Net, etc.
Vous alimentez le calendrier chaque semaine. Vous réservez quelques minutes au début ou à la fin de chaque cours pour commenter à haute voix les nouvelles informations apportées.

Exemple :
Le 5 novembre, il y a des élections municipales au Québec.
Les élections municipales du Québec ont lieu tous les 4 ans, le premier dimanche de novembre.

Action !

PRÉSENTATION DES CONTENUS

Je présente un produit ou un service, je me renseigne sur un produit, je nomme les couleurs, je comprends une publicité, je donne un prix, j'achète un produit, je m'occupe de la livraison, j'utilise les réseaux sociaux.

J'ai besoin des éléments grammaticaux suivants :

La place de l'adjectif
Les nombres de 70 à l'infini
Les quantités déterminées et indéterminées
Le pronom interrogatif *quel, quelle, quels, quelles*

J'ai aussi besoin des outils lexicaux suivants :

Les couleurs
Les prix
La livraison
L'informatique
Les réseaux sociaux
La publicité

5 UNITÉ

Action !

1 Présenter un produit

 (...) Voir transcription p. 103

1. Écoutez et associez les descriptions aux photos.

a

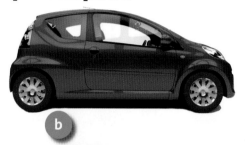

b

c

d

e

Les mots pour

- Moderne
- Agréable
- Idéal(e)
- Long(ue)
- Différent(e)
- Vaste
- Varié(e)
- Nouveau (nouvel) / Nouvelle
- Élégant(e)
- Compact(e)
- Un coloris
- Un choix
- Une matière

2 Se renseigner sur un produit

 2. Écoutez le dialogue et répondez.

Le vendeur : Bonjour monsieur, je peux vous aider ?

Le client : Oui, bonjour, je cherche une tablette efficace. C'est pour un usage professionnel.

Le vendeur : Dans ce cas, je vous conseille le nouvel iPad Pro. Il est très performant.

Le client : Je peux voir un iPad Pro ?

Le vendeur : Bien sûr. Les iPad Pro sont ici. Regardez l'écran ! Sa définition est excellente.

Le client : En effet ! C'est impressionnant. C'est un écran lumineux, c'est de la haute résolution !

Le vendeur : C'est aussi une tablette légère. Elle est pratique, elle remplace votre ordinateur. L'iPad Pro possède un clavier portable fin et résistant.

Le client : Il est très séduisant en effet. Quelle est sa capacité ?

Le vendeur : Vous avez un modèle de 32 gigas, un de 128 gigas et un autre de 256 gigas.

L'iPad Pro existe en 12,9 pouces et en 9,7 pouces. Le prix varie en fonction de sa puissance et de sa taille.

(...) Voir transcription p. 104

a. Qui sont les deux personnes ?
b. Relevez trois adjectifs utilisés pour qualifier l'iPad Pro.
c. Combien coûte l'iPad Pro de 256 gigas avec un grand écran ?
d. À votre avis, que signifie l'expression « bon marché » ?

3. Vous choisissez un produit. Les autres étudiants devinent votre produit. Ils vous posent des questions avec des adjectifs.

→ *Est-ce que ce produit est petit ?*
→ *Est-ce que ce produit est joli ?*

GRAMMAIRE

La place de l'adjectif

■ L'adjectif se place généralement après le nom qu'il qualifie.
- *une tablette **efficace***
- *un appareil **léger***
- *une sacoche **grise***

■ Certains adjectifs se placent avant le nom. Ce sont des adjectifs courts et fréquents : *petit(e) grand(e), bon(ne), mauvais(e), joli(e), court(e)...*
- *une **petite** tablette*
- *un **bon** produit*

 Devant un nom commençant par un « h » muet ou une voyelle, « beau », « vieux » et « nouveau » deviennent « bel », « vieil » et « nouvel ».
- *un **nouvel** Ipad Pro*
- *un **vieil** ordinateur*

---

3 Les couleurs

 4. Écoutez le dialogue et répondez.

Créateur : Voici la nouvelle collection printemps-été 2017 pour les femmes.

Acheteuse : Il y a beaucoup de couleurs vives.

Créateur : Oui, c'est la tendance de cette collection. Il y a du rose vif, du jaune soleil. C'est une collection joyeuse !

Acheteuse : Tout à fait. Je peux voir cette robe violette ?

Créateur : Bien sûr. C'est une robe légère, très agréable pour les grosses chaleurs.

Acheteuse : Le tissu n'est pas fragile ?

Créateur : Pas du tout, cette robe se lave en machine.

(...) Voir transcription p. 104

- **a.** Qu'est-ce que l'homme présente ?
- **b.** Quelle est la tendance de la collection ?
- **c.** Quel vêtement la femme regarde d'abord ?
- **d.** Comment sont les pantalons et les vestes de la ligne « Papillon » ?
- **e.** Relevez toutes les couleurs.

Les mots pour

• Blanc(he)	• Jaune	• Marron
• Noir(e)	• Gris(e)	• Une couleur
• Bleu(e)	• Rose	• Une couleur vive
• Rouge	• Orange	• Une couleur sombre
• Vert(e)	• Violet(te)	• Une couleur pâle

Les mots pour

• Une tablette	• Efficace
• Un usage personnel / professionnel	• Excellent(e)
• La taille	• Fin(e)
• Un écran	• Haut(e)
• Une définition	• Impressionnant(e)
• La résolution	• Léger / Légère
• Un clavier	• Lumineux / Lumineuse
• Une capacité	• Performant(e)
• Un modèle	• Pratique
• La puissance	• Résistant(e)
• Coûter	• Séduisant(e)

1 Remettez les phrases dans l'ordre.

- **a.** nous / technologies / les / aimons / nouvelles
- **b.** une / Arthur / sacoche / a / noire
- **c.** aime / j' / vieille / tablette / beaucoup / ma
- **d.** est / un / c' / appareil / efficace
- **e.** ordinateur / a / une / cet / grande / capacité / de stockage.

5. Décrivez votre tenue ou celle d'un(e) autre étudiant(e). Indiquez les couleurs.

4 La publicité

6. Lisez la publicité et répondez.

ZOE : UNE VOITURE ÉLECTRIQUE PRATIQUE ET ÉCOLOGIQUE !

La nouvelle ZOE de Renault, c'est « LA » voiture électrique !
En ville ou à la campagne, ZOE est une petite voiture pratique.
Elle a de grandes capacités. Rapide, elle peut monter jusqu'à 135 kilomètres/heure.
Et avec sa nouvelle batterie, l'autonomie de la ZOE est de 400 kilomètres.

À PARTIR DE 17 300 EUROS TTC,
un petit prix, une petite voiture mais de grandes capacités.

- **a.** Quel est le produit présenté ?
- **b.** Réalisez la fiche produit.

> Marque
> Autonomie
> Vitesse max.
> Prix TTC
> Principales caractéristiques

↘ Micro-tâche

Vous choisissez un objet et vous faites sa fiche produit. Vous ajoutez une photo de l'objet. Vous utilisez un maximum d'adjectifs pour la description.

1 Donner un prix

 (...) Voir transcription p. 104

1. Écoutez et répondez.

a. Que se passe-t-il jusqu'à 16 heures ?
b. Quel est le prix d'un robot multifonctions ?
c. Comment sont les prix au rayon télévisions et home cinéma ?
d. Que signifie « des prix cassés » ?

 2. Écoutez et répondez.

La vendeuse : Bonjour monsieur, je peux vous aider ?
Le client : Oui, bonjour, je souhaite changer de forfait téléphonique ; c'est un forfait professionnel. Je téléphone beaucoup à l'étranger et je voyage beaucoup. Je veux un forfait international.

(...) Voir transcription p. 104

a. Que veut le client ? Pourquoi ?
b. Comment s'appelle le forfait téléphonique proposé par la vendeuse ?
c. Quelles sont les caractéristiques du forfait ?
d. Quel est le prix hors taxe ? Et TTC ?
e. Pourquoi le client n'est pas satisfait ?

GRAMMAIRE

Les nombres de 70 à l'infini

70 soixante-dix	100 cent
71 soixante et onze	101 cent un
72 soixante-douze	400 quatre cents
79 soixante-dix-neuf	1000 mille
80 quatre vingts	5000 cinq mille
81 quatre-vingt-un	1 000 000 un million
90 quatre-vingt-dix	1000 000 000 un milliard
91 quatre-vingt-onze	

- ■ « Vingt » et « cent » sont invariables quand ils sont suivis d'un autre chiffre.
  - *quatre-vingts* mais *quatre-vingt-cinq*
  - *deux cents euros* mais *deux cent huit euros...*
- ■ « Mille » est toujours invariable.
  - *trois mille cinq ; vingt-deux mille...*
- ■ « Million » et « milliards » s'accordent toujours.
  - *neuf millions cent ; quatre milliards...*

1 Écrivez les nombres en lettres.

a. 120 **b.** 592 **c.** 82 **d.** 2 000 **e.** 57 000 **f.** 91 680

Savoir dire

Demander un prix
- Combien ça coûte ?
- C'est combien ?
- Quel est le prix ?
- C'est à quel prix ?

Les mots pour

- Un forfait téléphonique
- Une offre
- Un giga
- Un SMS
- Un appel
- Hors taxe (HT)
- Toutes taxes comprises (TTC)

2 La quantité

3. Lisez et répondez.

VENTE DIRECTE AUX PROFESSIONNELS
Vente en gros de fruits et légumes

▶ **Tomates**
12,50 € les 10 cagettes
(cagettes de 2,5 kilos)

▶ **Pommes**
Promotion exceptionnelle :
3 € le sac de 6 kilos

▶ **Oranges**
Arrivage exceptionnel
2 € les 4 kilos

▶ **Pommes de terre**
9,95 € le sac de 10 kilos

▶ **Carottes**
1,20 € le kilo
1€ au-dessus de 10 kilos

▶ **Bananes**
0,50 € le kilo

Épicerie

Blé d'Or
Farine

Sucre Semoule

▶ **Farine bio**
4 € le sac de 5 kilos

▶ **Sucre en poudre**
4, 50 € le sac de 5 kilos

▶ **Chocolat**
7,50 € le kilo
soit 1,25 € la tablette de 200 g

▶ **Sucre en morceaux n° 4**
7 € le kilo à partir de 1 kilo
vendu par boîte de 200 g

Tous les prix s'entendent TTC.

a. Combien coûte 1 kilo de carottes ?
b. J'achète 3 kilos de bananes, je paie combien ?
c. Quel produit bénéficie d'une promotion exceptionnelle ?
d. Comment sont vendues les tomates ?
e. Qu'est-ce qui est proposé au rayon « Épicerie » ?
f. Combien coûte un kilo de sucre en poudre ?

4. Écoutez et répondez.

Client : Bonjour monsieur, je voudrais des fruits et des légumes pour mon restaurant.

Vendeur : Très bien. Vous désirez ?

Client : Je voudrais des tomates. 10 cagettes de 2 kilos 5, ça fait 25 kilos... C'est parfait !

Vendeur : Et avec ça ?

Client : Je voudrais un peu de carottes.

Vendeur : Au-delà de 10 kilos, c'est seulement 1 euro le kilo.

Client : Oui, mais 10 kilos, c'est trop pour moi. Je veux seulement 6 kilos de carottes.

Vendeur : C'est noté, 6 kilos de carottes.

Client : Je voudrais aussi des fruits. Le prix des oranges est très intéressant.

Vendeur : Et elles sont délicieuses. Goûtez !

Client : Humm, c'est vrai. Allez, 12 kilos et un sac de pommes. Je voudrais aussi du chocolat, du sucre et de la farine.

Vendeur : En quelle quantité ?

Client : Alors, 5 kilos de farine et 5 kilos de sucre en poudre. Et 1 kilo de chocolat.

Vendeur : Parfait. Ça fait un total de 44,70 euros.

   a. Quels légumes le client achète ?
   b. Quelle quantité d'oranges il achète ?
   c. Qu'est-ce que le client achète au rayon épicerie ?
   d. Pourquoi le client achète beaucoup de produits ?

GRAMMAIRE

La quantité

■ **La quantité déterminée**
- *Il achète **beaucoup de** fruits, **peu de** fruits, **trop de** fruits.*
- *Il achète **2 kilos d'**oranges, **3** oranges...*
- *Il achète **un paquet de** farine.*

■ **La quantité indéterminée**

Pour une quantité indéterminée, on utilise un article partitif : *du, de, de la, des*
- *Il achète **du** chocolat, **de la** farine, **des** fruits, **de l'**eau.*

1 **Indiquez la quantité. Complétez avec le mot qui convient.**

- -

un paquet – 8 kilos – peu – beaucoup

   a. C'est formidable, il y a ... de promotions !
   b. Il reste ... de sucre.
   c. Le restaurateur achète ... de pommes de terre.
   d. Il y a seulement deux modèles. Il y a ... de choix !

5. Vous faites les courses. Un(e) apprenant(e) est le/la client(e), l'autre le/la vendeur/euse. Jouez la scène à deux à partir du document de l'activité 3.

3 **La livraison**

6. Lisez le document et répondez.

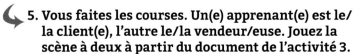

Un envoi urgent : nous livrons dans les meilleurs délais et aux meilleurs tarifs !

Vous déposez un colis avant 11 heures, il est livré au destinataire avant 12 heures le lendemain, partout en France, et le surlendemain pour le reste de l'Europe (voir liste des pays en annexes). Vous pouvez suivre le colis grâce à un code barre.

   a. Quels sont les délais de livraison pour un envoi en France ?
   b. Et dans le reste de l'Europe ?
   c. À quoi sert le code barre ?
   d. Comment sont les tarifs ?

Les mots pour

- La livraison / Livrer
- Un(e) destinataire
- Un code barre
- Un tarif
- Un délai
- Urgent(e)
- Suivre

↘ Micro-tâche

Vous envoyez un mail à une société de coursiers ou transporteur pour expliquer vos besoins et connaître les différentes formules proposées, les tarifs et les avantages. (entre 60 et 80 mots)

1 Communiquer sur un produit

1. Lisez le mail et répondez.

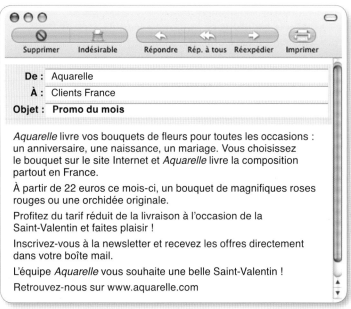

○ ○ ○

Supprimer | Indésirable | Répondre | Rép. à tous | Réexpédier | Imprimer

De : Aquarelle
À : Clients France
Objet : Promo du mois

Aquarelle livre vos bouquets de fleurs pour toutes les occasions : un anniversaire, une naissance, un mariage. Vous choisissez le bouquet sur le site Internet et *Aquarelle* livre la composition partout en France.

À partir de 22 euros ce mois-ci, un bouquet de magnifiques roses rouges ou une orchidée originale.

Profitez du tarif réduit de la livraison à l'occasion de la Saint-Valentin et faites plaisir !

Inscrivez-vous à la newsletter et recevez les offres directement dans votre boîte mail.

L'équipe *Aquarelle* vous souhaite une belle Saint-Valentin !

Retrouvez-nous sur www.aquarelle.com

D'après https://www.aquarelle.com/occasions/anniversaire

a. Quels produits propose *Aquarelle* ?
b. Quel service propose *Aquarelle* ?
c. Quel est le prix minimum d'un produit *Aquarelle* ?
d. Que propose le site pour la Saint-Valentin ?
e. Vous souhaitez recevoir dans votre boîte mail les offres *Aquarelle* : que faites-vous ?
f. Pourquoi *Aquarelle* envoie un mail à ses clients ?

Les mots pour

- Un anniversaire
- Une naissance
- Un mariage
- Un bouquet
- Un tarif
- Original(e)
- Réduit(e)

 (...) Voir transcription p. 104

2. Écoutez et répondez.

a. Il s'agit d'un spot publicitaire pour quel type de produit ?
b. Quelle est la marque citée ?
c. Quel est l'avantage de ce produit ?

 3. Par petits groupes de deux ou trois, choisissez un produit. Rédigez un message publicitaire à la manière du message radio entendu (entre 60 et 80 mots). Enregistrez votre message. Attention à la prononciation !

2 Les réseaux sociaux

 4. Écoutez l'interview et répondez.

Le journaliste : Bonjour à tous et bonjour Pierre Jouan.
Pierre Jouan : Bonjour.
Le journaliste : Pierre Jouan, vous êtes directeur marketing d'une grande marque de cosmétiques. Au travail, vous utilisez beaucoup Facebook. Quel est l'intérêt pour une marque d'avoir une page Facebook aujourd'hui ?
Pierre Jouan : C'est très simple. Facebook est le deuxième site Internet au niveau international. En 2014, Facebook, c'est plus d'un milliard d'utilisateurs !

(...) Voir transcription p. 104

a. Qui est Pierre Jouan ?
b. Qu'est-ce que Pierre Jouan utilise au travail ?
c. Pourquoi Facebook est important pour une entreprise ?
d. Est-ce qu'une page Facebook coûte cher ?

Les mots pour

- Une page Internet
- Un site Internet
- Un utilisateur / Une utilisatrice
- Un investissement
- Un(e) fan
- Le public
- Un commentaire
- Poster
- Partager

Les mots pour

- Un conseiller / Une conseillère
- Un devis
- Une assurance
- Personnalisé(e)

GRAMMAIRE

Le pronom interrogatif *quel, quelle, quels, quelles*

■ Le pronom interrogatif s'accorde en genre et en nombre avec le nom qui suit.
- *Quel est l'intérêt d'une page facebook ?*
- *Quels conseils donnez-vous à Paul ?*
- *Quelle est la question ?*
- *Quelles astuces tu conseilles ?*

1 **Complétez avec le bon pronom interrogatif.**

a. ... réseaux sociaux vous utilisez ?
b. ... marques ont une page Facebook ?
c. ... est le prix d'une publicité sur Facebook ?
d. ... utilisation ils ont de Facebook ?

5. Lisez le document et répondez.

Faire de la publicité sur les réseaux sociaux ?

Aujourd'hui la communication passe par les réseaux sociaux. Avec plus de 2 millions de membres, Facebook est **LE** **réseau** social par excellence. Mais il y a aussi Twitter.

Pourquoi choisir Twitter ?

◆ Twitter réalise des campagnes publicitaires et analyse les résultats.

◆ Chaque mot, chaque photo, chaque vidéo à un impact : analysez vos tweets et découvrez vos abonnés.

◆ Twitter propose un tableau de bord « Campagnes ». Vous mesurez vos impressions, vos résultats et le coût pour toutes vos campagnes.

Alors prêts à faire de la publicité sur Twitter ?

a. Comment fait-on de la publicité aujourd'hui ?
b. Que propose Facebook aux entreprises ?
c. Que propose Twitter aux entreprises ?
d. Qu'est-ce que vous pouvez mesurer avec Twitter ?

Phonétique

🎧 **La prononciation de certains chiffres**

■ **1. Écoutez et répétez.**
On prononce la consonne finale de certains chiffres seulement en fin de phrase ou quand elle est suivie d'une voyelle orale.
5 → [sɛ̃k] ou [sɛ̃] – *Il est* **cinq** *heures.* [sɛ̃k] / *J'ai* **cinq** *cent euros.* [sɛ̃]
6 → [sis] ou [si] – *La réunion, c'est le* **six** [sis] / *C'est le* **six** *mai.* [si]
8 → [ɥit] ou [ɥi] – *À* **huit** *heures trente.* [ɥit] / *Il a* **huit** *collaborateurs.* [ɥi]

■ **2. Écoutez. Est-ce que vous entendez la consonne finale ?**
a. Il est **cinq** heures, Paris s'éveille.
b. Les assistants à la réunion ? Ils sont **huit**.
c. Le **huit** janvier, je ne travaille pas.
d. Il a publié **six** livres, **cinq** articles et **huit** romans.

Les mots pour

- Un réseau social
- Un impact
- Un membre
- Un(e) abonné(e)
- Un tableau de bord
- Une campagne
- Un tweet
- Tweeter

↘ Micro-tâche

En petits groupes de deux ou trois, imaginez une page Facebook pour un produit. Cherchez des exemples sur Internet. Insérez du texte, des photos, des vidéos... Présentez la page au reste du groupe.

Quelques chiffres sur la publicité sur Internet

Selon des chiffres de mars 2016, deux tiers des investissements publicitaires mondiaux faits par les entreprises et les marques se font sur Facebook.

Twitter arrive en deuxième position avec 7,9 % des investissements réalisés par les entreprises.

En 2015, le digital devient le premier canal de publicité en France. Un tiers des dépenses publicitaires se font sur Internet.

La publicité à la télévision est en deuxième position et représente presque le même taux. (28, 1 %)

1. Sur quel réseau social les entreprises font principalement de la publicité ?
2. Est-ce la même chose dans votre pays ?

Les commerces et les commerçants

▶ **Résumé** : reportage sur un marchand de fromages.

▶ **Objectifs**
- Connaître le métier de marchand de fromages.
- Découvrir plusieurs types de fromages français.

→ Cahier d'activités

Le e-commerce en Europe

Selon une étude récente, l'adoption du commerce électronique est en forte augmentation depuis 2015, en Europe.

Les Européens sont de gros consommateurs en ligne et un Européen sur 4, avec un accès Internet, achète en ligne au moins une fois par semaine.

En 2016, les dépenses en ligne progressent de 14,6 % en France et le chiffre d'affaires en Europe dépasse les 72 milliards d'euros.

5 % des internautes français achètent en ligne tous les jours et 11 % au moins une fois par semaine.

Les produits les plus achetés en ligne chez les Français sont les vêtements et les chaussures (53 %), suivis des livres (37 %) et des billets de voyage longue distance (31 %).

1. Quels sont les produits les plus achetés en ligne en France ?
2. Dans votre pays, qu'est-ce qu'on achète en ligne et avec quelle fréquence ?

Entraînement aux examens

1 Compréhension de l'oral

Exercice 1
Vous allez entendre 4 descriptions de produits. Écoutez et associez les descriptions aux photos.

a.

b.

c.

d.

2 Compréhension des écrits

Exercice 2
Lisez les 3 documents et répondez.

La nouvelle voiture électrique présentée au salon de l'automobile coûte 18 673 euros TTC. C'est une petite voiture pratique pour la ville. Son autonomie est de 350 kilomètres.

Le forfait téléphonique professionnel avec SMS illimités pour toute l'Europe et son tarif préférentiel de 35,90 euros TTC permet une économie de 60 euros sur le tout nouveau smartphone. Les appels sont illimités sur les téléphones fixes à l'international. Profitez de cette offre avantageuse.

N'hésitez pas à demander plus de renseignements.

ENVIE D'UN PACK VOYAGE SURPRISE ?
Alors donnez votre budget, remplissez le formulaire sur notre site Internet et BOXVOYAGE vous propose un week-end ou une semaine de rêve en Europe.

SURPRENEZ VOS AMIS, VOTRE AMOUREUX(SE) ET PARTEZ VERS UNE DESTINATION INCONNUE !

a. La voiture présentée au salon de l'automobile est-elle écologique ?
b. Que comprend le forfait téléphonique professionnel proposé ?
c. Qu'est-ce que vous devez faire pour acheter un week-end surprise BOXVOYAGE ?
d. Où vous pouvez aller avec BOXVOYAGE ?
e. Dites si les phrases suivantes sont vraies ou fausses.
  – Avec le forfait téléphonique professionnel, vous économisez 60 euros sur un nouveau smartphone.
  – Avec BOXVOYAGE, vous pouvez voyager dans le monde entier.
  – La voiture électrique a une autonomie de 350 kilomètres.
  – Pour acheter un voyage surprise, vous devez téléphoner à BOXVOYAGE et donner votre budget.

3 Production orale

Exercice 3
À la Poste, vous demandez des renseignements sur les services de livraison pour des courriers et des colis à l'international. Un apprenant joue le rôle de l'employé, l'autre le rôle du client.

4 Production écrite

Exercice 4
Vous écrivez un mail à un client pour parler d'un nouveau produit. Vous faites une description de ce produit, vous caractérisez le produit et vous donnez son prix. (60 à 80 mots)

Faire la publicité d'un produit sur le web, les réseaux sociaux

Objectif : faire la publicité d'un produit sur Internet.

Étape 1
Vous choisissez un produit. Vous pouvez inventer un produit ou choisir un produit de votre entreprise.

Étape 2
Vous caractérisez ce produit et vous faites une fiche produit.

PRODUIT :

MATIÈRE :

FORME :

COULEUR :

PRIX :

Étape 3
Vous créez une page de ce produit sur un réseau social de votre choix (Facebook, Twitter, Instagram…).

Étape 4
Vous créez une annonce publicitaire pour votre produit (type annonce radio) et vous enregistrez cette annonce sur votre téléphone ou sur un ordinateur.

Étape 5
Vous publiez, sur la page créée, votre annonce, des photos, la description du produit…

Étape 6
Vous faites une présentation orale à tous les apprenants pour faire la publicité de votre produit.

En route !

UNITÉ 6

PRÉSENTATION DES CONTENUS

Je réserve une chambre d'hôtel, je m'adresse à la réception d'un hôtel, je règle ma chambre d'hôtel, je réserve un taxi, je prends le taxi, je parle des moyens de transport, j'explique un itinéraire et je comprends un itinéraire, je comprends une invitation, j'assiste à un cocktail en entreprise, j'ai des échanges informels avec des collègues.

J'ai besoin des éléments grammaticaux suivants :
Demander poliment (*je voudrais, j'aimerais*)
Le présent des verbes du 2e groupe
Les adjectifs possessifs
Aller + préposition
Venir de...

J'ai aussi besoin des outils lexicaux suivants :
L'hôtel
Les moyens de paiement
Les moyens de transport
Les déplacements
Les invitations

1 À l'hôtel

1. Écoutez et vérifiez votre compréhension. Choisissez la bonne réponse.

Femme : Bonsoir messieurs. Bienvenue à l'hôtel Marianne.

Thomas Brunet : Bonsoir. Nous avons une réservation.

Femme : Oui, c'est à quel nom ?

Thomas Brunet : Brunet, Thomas Brunet de la société Bayet.

Femme : Ah oui, messieurs Brunet et Goldman de la société Bayet... deux chambres avec petit-déjeuner inclus pour trois nuits.

Thomas Brunet : C'est ça.

(...) Voir transcription p. 104

a. Monsieur Goldman et monsieur Brunet vont à l'hôtel *Thomas / Marianne*.

b. Ils passent *deux / trois* nuits à l'hôtel.

c. Le petit-déjeuner *est / n'est pas* inclus.

d. Les chambres sont au *deuxième / troisième* étage.

e. La connexion wifi est *gratuite / payante*.

GRAMMAIRE

Demander poliment

■ Pour demander poliment, on utilise le verbe « vouloir » ou le verbe « aimer » au conditionnel.
• *Je **voudrais** une chambre pour deux nuits.*
• *J'**aimerais** une chambre avec vue sur la mer.*

2 Je fais une réservation

2. Observez le document et répondez.

	VOS COORDONNÉES	VOTRE RÉSERVATION
	Pays Autriche ∨	Du 17 au 19 mars 2017
Civilité Monsieur ∨	**Nationalité** Autrichienne ∨	2 nuits ✓ Votre choix 👤 x1
Nom Hoffmann ∨	**Téléphone** 00 43 01 913 52 23 ∨	**CHAMBRE STANDARD** avec 1 LIT DOUBLE 115,50 EUR Petit-Déj. X2 25,00 EUR
Prénom Peter ∨	**E-mail** phoffmann@mailee.at ∨	Montant Total TVA incluse 140,50 EUR Taxe de séjour 1,20 EUR
☑ Je souhaite recevoir un e-mail de confirmation	🖨	>Détails Télécharger la confirmation du paiement

a. Qui fait une réservation ?

b. Quelle est sa nationalité ?

c. Que réserve-t-il ? Quand ?

Les mots pour

• Avoir une réservation
• Une chambre simple, double
• Le petit-déjeuner
• Inclus(e)
• L'ascenseur
• Une connexion wifi
• Une connexion
• Gratuit(e) ≠ payant(e)

↘ **3. Vous avez réservé à l'hôtel du Lac. Jouez la scène à deux à partir du document ci-contre.**

(...) Voir transcription p. 105

4. Écoutez le dialogue et répondez.

a. Qu'est-ce que l'homme souhaite réserver ?
b. Pourquoi il n'est pas satisfait ?
c. Que décide-t-il ?

GRAMMAIRE

Les adjectifs possessifs

Masculin	Féminin	Pluriel
mon séjour	*ma* chambre	*mes* séjours / *mes* chambres
ton séjour	*ta* chambre	*tes* séjours / *tes* chambres
son séjour	*sa* chambre	*ses* séjours / *ses* chambres
notre séjour	*notre* chambre	*nos* séjours / *nos* chambres
votre séjour	*votre* chambre	*vos* séjours / *vos* chambres
leur séjour	*leur* chambre	*leurs* séjours / *leurs* chambres

⚠ Devant une voyelle *ma, ta, sa* deviennent **mon, ton, son** : **mon** *a*dresse ; **son** *a*dresse...

1 **Complétez le dialogue avec un adjectif possessif.**

a. Bonjour madame. Quel est ... nom, s'il vous plaît ?
b. Vous êtes contents ? ... chambres sont confortables ?
c. Lucie, tu as la clé de ... chambre. Moi, je n'ai pas la clé de ... chambre.
d. Paul fait ... réservation en ligne.
e. Nous sommes contents, ... séjour se passe bien.
f. Ils paient tous avec ... carte de paiement.

GRAMMAIRE

Le présent des verbes du 2e groupe

■ Les verbes du 2e groupe se terminent en « *-ir* » et la terminaison de la 1re personne du pluriel est en « *-issons* ».

Choisir

je chois**is**	il/elle/on chois**it**	vous chois**issez**
tu chois**is**	nous chois**issons**	ils/elles chois**issent**

Quelques verbes du 2e groupe : *agir, avertir, finir, grandir, réagir, réfléchir...*

1 **Conjuguez les verbes au présent.**

a. Thomas (choisir) une chambre avec vue sur la mer.
b. Nous (finir) la réservation sur Internet et nous arrivons.
c. Alice et Vincent hésitent : ils (réfléchir) encore.
d. Vous (avertir) la réception de l'hôtel, s'il vous plaît ?

 5. Écoutez le dialogue et répondez.

Homme : Votre séjour s'est bien passé, madame Lopez ?
Femme : Très bien, je vous remercie.
Homme : Je prépare votre facture.
Femme : Ma chambre est déjà réglée, non ?
Homme : Non, nous avons les coordonnées de votre carte de paiement pour la réservation. Mais le paiement n'est pas effectif.

(...) Voir transcription p. 105

a. Combien coûte le séjour de madame Lopez au total ?
b. Que comprend le prix payé par madame Lopez ?
c. Quels moyens de paiement madame Lopez peut-elle utiliser ?
d. Comment paye-t-elle ?

Les mots pour

- Payer
- Régler
- Une facture
- Un reçu
- Un moyen de paiement
- Une carte de paiement
- Un chèque
- Des espèces

↘ Micro-tâche

Vous voulez réserver une chambre d'hôtel, mais vous voulez des précisions. Vous écrivez un mail à l'hôtel. Vous faites une demande précise : dates, type de chambre, vue, avec ou sans petit-déjeuner, moyen de paiement... N'oubliez pas les formules de politesse !

1 Prendre le taxi

 (...) Voir transcription p. 105

1. Écoutez les deux dialogues et répondez.

  a. Le client commande un taxi pour quelle adresse ?
  b. Le taxi arrive dans combien de temps ?
  c. Quel est le code de la réservation ?
  d. Où va le client ?
  e. Qu'est-ce qu'il a comme bagage ?
  f. Combien paye-t-il ?

2. Lisez le document et répondez.

  a. Paris taxis, qu'est-ce que c'est ?
  b. Quel est le principe de Paris taxis ?
  c. Citez les différents critères possibles des taxis ?

Paris Taxis

Paris Taxis est une application gratuite pour Smartphones et tablettes de la Ville de Paris. Avec Paris Taxis, les clients visualisent les taxis disponibles autour d'eux. Et ils commandent le taxi de leur choix.
Une carte s'affiche avec ma position et les taxis disponibles autour de moi.
Le client peut choisir son taxi en fonction de différents critères :
▸ véhicules peu polluants ;
▸ accès handicapés ;
▸ terminal de paiement électronique, etc.

3. Observez le document. Puis commandez un taxi par téléphone. Jouez la scène à deux.

Départ :	24, rue de Cléry, Paris 2ᵉ
Arrivée :	87 boulevard Saint Michel, Paris 5ᵉ
Quand :	**Maintenant** Plus tard

Commandez

Les mots pour

• Une rue
• Une avenue (av)
• Un boulevard (bd)
• Une place
• Un rond-point
• Une station
• Une ligne
• Une direction
• Un encombrement
• Un changement
• Continuer
• Tourner
• Prendre
• Avancer

2 Demander son chemin

 (...) Voir transcription p. 105

4. Écoutez l'enregistrement et observez le plan. Où va Vincent ?

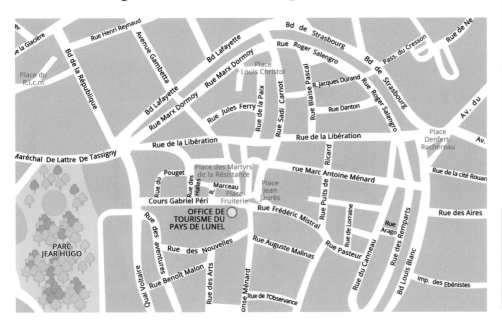

Les mots pour

- Un moyen de transport
- À pied
- En voiture
- En taxi
- En métro
- En bus
- À vélo
- À moto
- En train
- En avion
- En bateau

↘ Micro-tâche

Expliquez à votre voisin(e) le trajet de chez vous à l'école de langue ou de chez vous à votre travail... Votre voisin(e) dessine le plan.

 (...) Voir transcription p. 105

5. Écoutez les 3 dialogues et répondez.

a. Combien de temps faut-il pour aller au parc des Expositions ?
b. Comment l'homme va place Denfert-Rochereau ?
c. Pourquoi le métro est sûr ?
d. Quelles lignes de métro l'homme prend pour aller à la Chambre de Commerce ?
e. Où change-t-il ?
f. Relevez tous les mots utilisés pour désigner les différents types de rue.

6. À deux, demandez votre chemin et indiquez l'itinéraire, à partir du plan de l'activité 4, ou d'un plan de votre ville.

 (...) Voir transcription p. 105

7. Écoutez. Où vont-ils ?

a. Madame Dulac va ... .
b. Monsieur Pradel travaille ... .
c. Alba va à ... et son collègue va à ... .

GRAMMAIRE

Aller + préposition

▪ Devant une ville : *à*.
Je vais à Paris. Je vais à Pékin.
▪ Devant un pays masculin : *au*
Je vais au Danemark.
▪ Devant un pays féminin : *en*
Je vais en Suède.
▪ Devant un pays pluriel : *aux*
Je vais aux Pays-Bas.
▪ Devant un nom féminin : *à la*
Je vais à la piscine.
▪ Devant un nom masculin : *au*
Je vais au bureau.

1 Complétez avec ces noms de villes ou de pays.

Barcelone – le Pérou – la Turquie – la Grèce – le Brésil – Munich
a. Actuellement, il travaille... .
b. Mon entreprise a son siège ... .
c. Cette année, nous allons en vacances ... .
d. Le salon de l'équipement a lieu ... .
e. La semaine prochaine, nous avons une réunion ... .
f. Vous allez ... pour la conférence internationale ?

1 Une invitation

 1. Observez, écoutez et répondez.

Homme 1 : C'est vraiment sympa cette réunion !

Homme 1 : Oui, c'est rare d'être tous ensemble. Il y a beaucoup de têtes inconnues.

Homme 1 : Qui c'est cet homme là-bas près du buffet ?

Homme 1 : C'est le directeur régional Bretagne, Gilles Cloadec.

(...) Voir transcription p. 106

Le jeudi 19 septembre nous fêtons les 30 ans de l'entreprise LEOVIA !

Pour cette occasion, nous organisons un cocktail avec tous les collaborateurs à 19 h salle de conférences, 1er étage.

Ce cocktail est l'occasion de remercier tout le personnel pour son travail, sa fidélité et son dévouement à notre marque.

Merci de confirmer votre présence avant le vendredi 13 septembre auprès de Nathalie Bichot (nbichot@leovia.com).

a. Que célèbre l'entreprise ?
b. Qui est Gilles Cloadec ?
c. Ophélie Viart et Brice Rainaut se rencontrent pour la première fois. Pourquoi ?
d. D'où vient Ophélie Viart ? Et Brice Rainaut ?
e. Combien de temps de transport a Brice tous les jours ? Et Ophélie ?

2. Vous envoyez par mail votre réponse à l'invitation. Vous avez le choix : vous venez ou vous ne venez pas.

GRAMMAIRE

Venir de...

je viens	
tu viens	
il/elle/on vient	*de* ou *d'* + pays féminin et villes
nous venons	*du* + pays masculin
vous venez	*des* + pays pluriel
ils/elles viennent	

- *Je viens de Strasbourg. / Tu viens de Pologne. / Il vient d'Italie.*
- *Nous venons du Maroc.*
- *Elles viennent des États-Unis.*

Les mots pour

- Un cocktail
- Une occasion
- La fidélité
- Le dévouement
- La présence
- La banlieue
- Les transports en commun
- Fêter
- Remercier
- Organiser
- Confirmer
- Être ravi(e) de...
- Être en relation...
- Faire connaissance

---

1 Conjuguez au présent de l'indicatif.

a. Elisa (*venir*) à la soirée de l'entreprise.
b. Louis et Ali (*venir*) de Genève.
c. Vous (*venir*) à la réunion du service commercial ?
d. Non, je ne (*venir*) pas. Je ne peux pas.

2 Complétez avec la bonne préposition.

a. Anaïs vient ... Belgique.
b. John et Sally viennent ... Angleterre.
c. Karl vient ... Munich et Sacha vient ... Pays-Bas.
d. Vous venez ... Irlande ou ... Japon ?

2 En déplacement

 3. Écoutez le dialogue et répondez.

Mathieu : Ça va Nicolas, pas trop fatigué par le voyage ?
Nicolas : Non, merci Mathieu, ça va. Un trajet de 5 heures et quart en TGV, c'est un peu fatigant mais le train est très confortable, et c'est pratique !
Mathieu : Vous venez à Marseille pour la première fois ?
Nicolas : Non, je connais bien Marseille. Je viens très régulièrement.

(...) Voir transcription p. 106

  a. Quel type de relation il y a entre les deux hommes (amicale, professionnelle) ?
  b. D'où vient Nicolas ? Et Mathieu ?
  c. Dans quelle ville ils sont ?
  d. Quelle est la profession de Nicolas ?
  e. Qu'est-ce que Nicolas pense de Bruxelles ?

4. Observez l'emploi du temps de Milena et répondez.

	Lundi	mardi	mercredi
9 h		9 h : réunion commerciale	
9 h 30			9 h 30 : Jeanne Lamar (RH)
10 h 30			10 h30 : Point gestion
13 h		13 h : Déjeuner nouveau prestataire (Eurogroup)	
14 h 15			14 h 15 : Retour Vol AF 810
15 h		15 h : Présentation produits	
15 h 35			15 h 35 : Arrivée Genève
16 h 10	16 h 10 : Départ Vol AF 102		
17 h			17 h : Rendez-vous Pierre Pastor (direction numérique)
17 h 30	17 h 30 : Arrivée Bordeaux + hôtel Mercure		
18 h 30			18 h30 : Réunion de parents (Emma)
19 h		19 h : Fabien Cinéma ?	
20 h	20 h : Dîner Jean Perrot + équipe Place des Quinconces		20 h : Dîner chez Marc et Sophie

Phonétique

 La liaison

■ On fait la liaison entre un mot terminé par une consonne non prononcée et un mot qui commence par une voyelle.
• *C'est_à quel nom ?* [se ta kɛl nɔ̃] mais *C'est pour vous ?*

■ Il y a des **liaisons obligatoires.**
• *les_objectifs – vous_avez – ils_ont – c'est_à gauche – il est bien_arrivé – je suis très_heureux – dans_une heure – en_Europe – chez_elle – comment_allez-vous – quand_elle vient.*

⚠ On fait la liaison avec *comment* seulement dans « *comment_allez-vous ?* »

⚠ La liaison après « quand » se prononce [t] : [kɑ̃ tɛl vjɛ̃]

■ Il y a des **liaisons interdites**
• *un étudiant américain – les taxis arrivent – tu veux aller – Pascal et elle*

■ **Lisez les phrases et repérez les liaisons. Puis écoutez l'enregistrement et vérifiez.**

  a. Vous attendez des amis ?
  b. Vos enfants sont à Bruxelles ?
  c. Marion est arrivée.
  d. C'est une ville très intéressante.

  a. Où va Miléna ? D'où vient-elle ?
  b. Quand part-elle ? Quand rentre-t-elle ?
  c. Le dîner de lundi est-il un rendez-vous professionnel ? Justifiez.
  d. Dans l'emploi du temps de Miléna, notez tout ce qui n'est pas d'ordre professionnel.

> **Les verbes pronominaux**
> Je **m'**appelle
> Il **s'**appelle
> Ils **se** sont adaptés

5. Présentez l'emploi du temps de Miléna. Précisez pour chaque rendez-vous ceux qui sont d'ordre professionnel et ceux qui sont d'ordre personnel.

↘ Micro-tâche

Vous préparez une invitation dans le cadre professionnel. Sur l'invitation, vous mentionnez la raison de l'invitation, le lieu, l'heure, le déroulé de l'événement...

Les Français plébiscitent la carte bancaire

95 % des Français ont utilisé leur carte bancaire au cours de l'année.

La carte bancaire est aujourd'hui le moyen de paiement privilégié des Français : ils sont 8 sur 10 à utiliser la carte bancaire chaque semaine (79 %). Tel est le résultat du baromètre sur les moyens de paiement publié par Cofidis Retail.

En France, on utilise aussi le chèque : 60 % d'utilisateurs au cours de l'année. L'utilisation du chèque ne se retrouve nulle part ailleurs en Europe où le taux d'utilisation ne dépasse pas 20 %.

Cependant, l'utilisation de ce moyen de paiement est en train de perdre du terrain : 40 % des Français déclarent vouloir moins utiliser les chèques à l'avenir.

D'après *LSA, Solutions & Techno, Moyens de paiement, cartes bancaires*, publié le 30/03/2016 par Yves Puget

1. Quel moyen de paiement est encore très utilisé en France par rapport aux autres pays d'Europe ?
2. Et vous, quel moyen de paiement aimez-vous utiliser ? Pourquoi.

Les moyens de transport

▶ **Résumé** : reportage sur les moyens de transport à Paris.

▶ **Objectifs**
• Connaître le nom de moyens de transport.
• Découvrir les différents moyens de transport à Paris.

→ **Cahier d'activités**

La trottinette électrique, un moyen de transport écolo et original

D'ici 2020, les gens vont normalement rouler à 30 km/h dans les rues de Paris. Une fois cette réglementation instaurée, tous les véhicules polluants vont être interdits dans la capitale. Mis à part le transport en commun, comment est-ce qu'on va se déplacer en ville ?

Comme solution, de nouveaux moyens de locomotion alternatifs totalement propres sont déjà proposés sur le marché. C'est le cas de la nouvelle trottinette électrique. Cette machine, simple d'utilisation, est rechargeable en 4 heures seulement. Elle est actionnable avec une simple pression du pouce et demande un minimum d'effort pour atteindre les 30 km/h.

Ce moyen de transport est un véritable atout pour se rendre rapidement à ses rendez-vous d'affaires.

D'après *Crédit Média*, Bernard Poirette, 28/06/2015

1. Que pensez-vous de ce moyen de locomotion ? Le trouvez-vous pratique ?
2. Dans votre pays, est-ce qu'il y a une réglementation pour éviter les véhicules polluants ?

Entraînement aux examens

1 Compréhension de l'oral

Exercice 1
Vous allez entendre 3 dialogues. Écoutez et répondez ou choisissez la bonne réponse.

Dialogue 1		
Quel est le moyen de transport mentionné ?	☐ le train ☐ le bus ☐ le taxi ☐ le métro
Quelle est la ville citée ?	☐ Paris ☐ Montpellier ☐ Montbéliard
Quel est le code de réservation ?	...
De quelle couleur est le véhicule ?	...
Dans combien de temps il arrive ?	☐ un quart d'heure ☐ 20 minutes ☐ 5 minutes

Dialogue 2		
Quels sont les deux moyens de transport mentionnés ?	☐ Le train ☐ le bus ☐ le taxi ☐ le métro
Quelle est la destination ?	...
Quel est l'itinéraire conseillé ?	...
Quel est le prix du ticket du 1er transport ?	...
Quel est le prix du ticket du 2e transport ?	...

Dialogue 3		
Où va la personne ?	...
Quels sont les moyens de transport cités ?	☐ Le train ☐ le bus ☐ le taxi ☐ le métro
Quel transport choisit la femme ?	☐ Le bus ☐ le taxi ☐ le métro
Pourquoi elle décide de prendre ce moyen de transport ?	☐ c'est confortable ☐ c'est rapide ☐ c'est agréable

2 Compréhension des écrits

Exercice 2
Lisez ce document et répondez ou choisissez la bonne réponse.

a. Ce document est...
☐ un bon de commande. ☐ une facture. ☐ une publicité.

b. C'est quel moyen de transport ?
☐ Le train. ☐ L'autobus. ☐ Un taxi.

c. Comment s'appelle le client ?

d. Quel est le trajet réalisé ?

e. Quelle est la longueur du trajet ?

f. Quel est le prix du trajet ?

n° 25070

À (firme – établissement) : Société Valmar

Nom de la personne transportée : Monsieur C. Deschamps

Somme € : 125 €

Pour un trajet de Gare à Zone industrielle Nord

Kilométrage : 50 km   Date : 30/5/2016

Voiture n° 39   Conducteur : P. Franck

3 Production orale

Exercice 3
Vous téléphonez à un hôtel pour réserver une chambre pour deux personnes. Vous indiquez vos préférences (un lit double, salle de bains avec baignoire, etc.). Vous demandez les prix. Jouez la scène à deux.

4 Production écrite

Exercice 4
Vous travaillez dans la restauration. Vous recevez cette invitation. Vous écrivez un mail à un collègue. Vous pensez que cette invitation est intéressante, vous dites pourquoi et vous proposez à votre collègue de venir avec vous. (60 à 80 mots)

INVITATION
Pour deux personnes

Les Cafés du Monde vous invitent à une dégustation gourmande de crus de café équitable accompagnée de créations culinaires.

Mardi 6 juin 2017 de 8 h 30 à 10 h
au bar du Millésime Hôtel, 15 rue jacob,
75006 Paris

1 Complétez avec *quel, quelle, quels* ou *quelles*.

a. ... est le réseau social utilisé par votre entreprise ?
b. ... produits veut acheter le client ?
c. ... robe préférez-vous ?
d. ... fruits vous voulez ? Les fruits biologiques ou les autres ?
e. ... sont les promotions du jour ?

2 a. Écoutez le dialogue une première fois et répondez.

a. Qui sont les deux personnes qui parlent ?
b. La femme achète quels fruits ?
  ☐ Des bananes. ☐ Des pommes. ☐ Des fraises.
  ☐ Des oranges. ☐ Des citrons. ☐ Des poires.
c. La femme achète quels légumes ?
  ☐ Des brocolis ☐ Des pommes de terre.
  ☐ Des poireaux. ☐ Des haricots verts.
  ☐ Des oignons. ☐ Des carottes.
d. Quel fruit est en promotion ?
e. Combien coûte un kilo de pommes de terre ?

b. Écoutez à nouveau le dialogue et complétez la facture.

Facture

Quantité	Prix au kilo	Prix total
10 kilos d'oranges	...	...
... kilos de citrons	4 euros / kilo	...
3 kilos de ...	...	8.70 euros
2 kilos de ...		...
... kilos de haricots verts	1.5 euro	...
... kilos de ...	...	17,50 euros
PRIX À PAYER		...

3 Écrivez les nombres en lettres.

a. 280 **b.** 3692 **c.** 4876 **d.** 500 **e.** 1990

4 Complétez avec *du, de la, de l', des, de* ou *d'*.

– Je dois acheter ... fruits, ... farine et ... sucre pour le restaurant.
– Tu peux aussi acheter ... pommes de terre, ... carottes et ... eau ?
– Bien sûr mais quelles quantités ?
– Beaucoup ... pommes de terre, 10 kilos et un peu ... carottes,
2 kilos c'est parfait. Et prends 20 bouteilles ... eau.

5 Conjuguez les verbes au présent de l'indicatif.

a. Je (choisir) une chambre double.
b. Nous (finir) la réunion à 18 heures.
c. Tu (réfléchir) sur une nouvelle campagne marketing.
d. Vous (agir) sur ordre de votre supérieur.
e. Elles (avertir) l'assistante de mon retard.

6 Complétez les phrases avec les mots suivants.

double – baignoire – facture – régler – gratuite

a. Dans cet hôtel, toutes les chambres ont une salle de bains avec une ...
b. Pour me faire rembourser, il me faut une ..., s'il vous plaît.
c. Vous voulez une chambre simple ou ... ?
d. Je préfère ... par carte bancaire.
e. La connexion wifi est ... pour tous les clients de l'hôtel.

7 Remettez le dialogue dans l'ordre.

a. – Une chambre simple ou double ?
b. – 85,70 €.
c. – Bonjour madame, je peux vous aider ?
d. – Très bien, alors je peux réserver ?
e. – Merci, au revoir.
f. – Une chambre double avec baignoire, c'est possible ?
g. – Le petit-déjeuner est inclus ?
h. – C'est parfait, et quel est le prix de la chambre double ?
i. – Je regarde... Oui, nous avons une chambre double avec baignoire disponible.
j. – Bien sûr, quels sont vos nom et prénom ?
k. – Très bien, c'est noté, une chambre double pour une nuit, du 18 au 19 mars.
l. – DEMOL, Faustine DEMOL.
m. – Oui, le petit-déjeuner est inclus.
n. – Oui, je voudrais réserver une chambre pour la nuit du 18 au 19 mars.

8 Faites des phrases avec les verbes *venir* et *aller*, comme dans l'exemple.

Exemple : *Ils / Sénégal / Brésil → Ils viennent du Sénégal et ils vont au Brésil.*

a. Nous / Bolivie / Australie
b. Je / Pays-Bas / Belgique
c. Tu / Allemagne / Portugal
d. Vous / Argentine / Espagne
e. Elle / Philippines / France

9 Complétez l'invitation avec les mots suivants.

remercier – inviter – heureuse – dîner – confirmer

L'entreprise **ALERATI** est ... de vous ... à un ... le vendredi 21 mars à 20 heures. Cette rencontre est l'occasion de ... tous les collaborateurs avec qui nous travaillons depuis de nombreuses années.

Merci de ... votre présence par mail avant le jeudi 13 mars à l'adresse suivante : Alerati-marc@immobilier.fr

10 Écoutez l'enregistrement et observez le plan. Où va Elsa ?

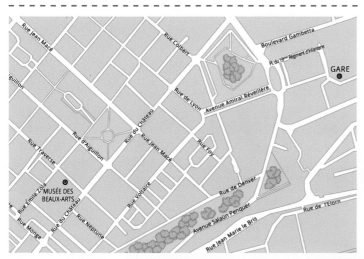

11 Écoutez et associez les dialogues aux photos.

12 Complétez les phrases avec des adjectifs possessifs.

a. – Bonjour, quel est ... nom ?
   – Je suis Pascale Arno, enchantée.
b. Anne a ... chambre au 5ᵉ étage, la chambre 509.
c. Éric et Tristan, n'oubliez pas ... passeports.
d. Ils travaillent à Paris mais ... maison est à Evry.
e. – ... enfants sont scolarisés à Barcelone ?
   – Oui, ... enfants vont au Lycée français.
f. – Salut Marie, tu as ... clé ?
   – Non, je dois passer à la réception. J'arrive tout de suite.

13 Complétez les phrases avec les verbes *aller* et *venir* au présent de l'indicatif et avec les bonnes prépositions.

a. Demain, je ... ... Nice pour un séminaire.
b. – Tu ... où demain ? – Je ... ... Angleterre.
c. Nous ... ... États-Unis : 7 heures de vol, nous sommes fatigués.
d. – Vous ... ... Espagne ?
   – Oui, nous habitons ... Espagne mais nous travaillons ... France.
e. Demain, Éric et Nathalie ... ... Italie pour le travail. Ils sont absents du bureau 3 jours.

Réaliser une enquête sur l'utilisation d'Internet pour acheter et pour réserver

Objectif : réaliser une enquête en ligne auprès de vos collègues pour connaître leur utilisation d'Internet pour faire des achats ou pour faire des réservations.

Étape 1
En grand groupe, déterminez le type de questions que vous allez poser : questions ouvertes, fermées, un mélange des deux.

Étape 2
En petits groupes, proposez 3 ou 4 questions sur un point particulier. Un groupe travaille sur les achats en ligne et un autre sur les réservations réalisées sur Internet. En plus des questions relatives à l'objet de l'étude, vous devez noter le sexe, l'âge, la profession, la provenance géographique de la personne interrogée.

Étape 3
Vous menez l'enquête. Vous pouvez poser les questions directement lors d'un entretien ou par téléphone. Vous pouvez aussi mettre le questionnaire à disposition de tous à l'entrée de votre entreprise ou de votre centre d'études. Il peut aussi être envoyé par mail.

Étape 4
Vous analysez les résultats de votre enquête et vous les mettez en ligne.

Mon travail jour après jour

UNITÉ 7

PRÉSENTATION DES CONTENUS

Je comprends une demande, je reçois un client, je travaille en équipe, je rédige une note de service, je donne des instructions, je présente des données chiffrées, je loue un bureau, je fais du e-commerce.

J'ai besoin des éléments grammaticaux suivants :

Le présent des verbes *prendre* et *faire*

L'impératif des verbes *faire* et *aller*

Les articulateurs simples du discours (*et, ou, alors*)

Le passé récent : *venir de* + verbe à l'infinitif

J'ai aussi besoin des outils lexicaux suivants :

Comprendre et me faire comprendre

La note de service

Les tâches quotidiennes au bureau

Les données chiffrées

Le e-commerce

Mon travail jour après jour

1 Au quotidien

(...) Voir transcription p. 107

1. Écoutez et récapitulez la demande d'Anaïs.

Bien, je récapitule...

Les mots pour

- Une photocopie
- Un exemplaire
- Une face
- Recto-verso
- En noir et blanc
  ≠ En couleur
- Récapituler

2. Lisez le document écrit par Nicolas et répondez.

> À faire
> → Mail pour la réunion budget
> → Photocopies
> → Appeler madame Palais URGENT
> → Réservation avion Hambourg
> → Lire dossier concurrence
> → Envoyer colis avec les nouveautés à Hambourg
>   (DHL)

a. Quel est ce document ?
b. Qu'est-ce qui est urgent ?
c. D'après ce document, quelle est la nationalité des partenaires de Nicolas ?

3. Écoutez le dialogue et répondez.

Martin : Qu'est-ce que vous faites, Olivia ? Vous avez du temps ?
Olivia : Oui, Martin. Je fais le compte-rendu de la réunion d'hier.
Martin : Je suis en retard ! J'ai besoin d'aide pour le dossier du conseil d'administration. La réunion est cet après-midi...
Olivia : Qu'est-ce que je peux faire ?
Martin : J'ai besoin des chiffres du trimestre : chiffre d'affaires, ventes réalisées, bénéfices en Europe et en Asie. Vous pouvez imprimer ces données ?
Olivia : Oui. Je fais ça dans la matinée. Ça vous va ?
Martin : C'est parfait. Merci beaucoup Olivia.

a. Qu'est-ce que fait Olivia au début du dialogue ?
b. Pourquoi Martin est stressé ?
c. Qu'est-ce qu'il demande à Olivia ?
d. Quelle est la réponse d'Olivia ?

4. Le/La responsable fait des demandes à son assistant(e). Reprenez le document de l'activité 2 et imaginez le dialogue. Jouez la scène à deux.

Les mots pour

- Un compte-rendu
- Un conseil d'administration
- Un dossier
- Un chiffre d'affaires
- Une donnée
- Une vente
- Un bénéfice
- Imprimer

2 J'accueille un client

 (…) Voir transcription p. 107

5. Écoutez le dialogue et répondez.

a. Pourquoi monsieur Motta ne comprend pas madame Larcher ?
b. Quelle est la caractéristique des produits de madame Larcher ?
c. Comment sont les emballages ?
d. Que pense monsieur Motta ?

GRAMMAIRE

Les verbes *prendre* et *faire*

■ Prendre	■ Faire
je pr**ends**	je f**ais**
tu pr**ends**	tu f**ais**
il/elle/on pr**end**	il/elle/on f**ait**
nous pr**enons**	nous f**aisons**
vous pr**enez**	vous f**aites**
ils/elles pr**ennent**	ils/elles f**ont**

Les verbes dérivés de *prendre* se conjuguent de la même manière : *comprendre, apprendre, reprendre.*

1 Conjuguez au présent de l'indicatif.

a. Tu (prendre) un café ou un thé ?
b. Vous (faire) 25 copies du document, s'il vous plaît.
c. Pablo ne (comprendre) pas le français.
d. Estelle et Louise (faire) une présentation de leurs produits.
e. Nous (comprendre) les explications du directeur commercial.

Savoir dire

Comprendre et se faire comprendre
• Je ne comprends pas.
• Vous pouvez répéter, s'il vous plaît ?
• Vous parlez vite.
• Vous pouvez parler lentement ?

Les mots pour

• Un site Internet
• L'ergonomie
• Une page d'accueil
• Un internaute
• Une vitrine
• Une rubrique
• La clarté
• Correspondre à

↘ Micro-tâche

Quel est votre travail ? Vous présentez rapidement une ou deux de vos tâches les plus fréquentes (faire des photocopies, présenter des produits à un client, travailler seul ou en équipe…).

3 En équipe

 6. Écoutez les deux hommes et répondez.

Homme 1 : Alors, on travaille sur la refonte du site Internet ?
Homme 2 : Oui, on commence par l'ergonomie.
Homme 1 : Tout à fait, c'est essentiel.
Homme 2 : Alors qu'est-ce que tu proposes ?
Homme 1 : Eh bien, c'est simple. D'abord, la page d'accueil. Tous les internautes vont sur cette page. Elle doit donc être claire, belle. Elle doit donner envie. C'est notre vitrine.
Homme 2 : Ta première proposition est bien. Le texte est en noir sur un fond blanc. C'est écrit gros mais pas trop. On repère bien les différentes rubriques. J'aime beaucoup.
Homme 1 : J'ai une deuxième proposition. Regarde.
Homme 2 : Ah ! C'est différent. C'est pas mal aussi. C'est moderne… Ça correspond bien à notre marque, mais ça manque peut-être de clarté. Nous devons montrer les propositions au responsable communication et au responsable marketing. Leur avis est nécessaire.

a. Pourquoi les deux hommes sont ensemble ?
b. À quoi est-ce qu'ils comparent la page d'accueil ?
c. Quelles caractéristiques doit avoir la page d'accueil ?
d. Que décident-ils à la fin ?

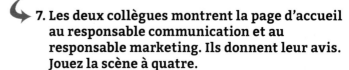 **7. Les deux collègues montrent la page d'accueil au responsable communication et au responsable marketing. Ils donnent leur avis. Jouez la scène à quatre.**

Mon travail jour après jour

1 Communiquer dans l'entreprise

1. Lisez le mail et répondez.

De : Alice Bigot-Directrice

Envoyé : Lundi 05 juin 2017

À : L'ensemble du personnel

Objet : **Arrivée d'un nouveau collaborateur**

Bonjour à tous,

Monsieur Gayl Verhoven arrive aujourd'hui. C'est le nouveau graphiste. Il est spécialisé en infographie et en conception multimédia.

Il est anglophone, mais parle très bien français.

Merci de lui réserver un accueil chaleureux.

Je compte sur vous !

Alice Bigot

a. Le mail s'adresse à qui ?
b. Pourquoi Alice Bigot envoie un mail ?
c. Qu'est-ce qu'elle demande au personnel

Les mots pour

- Une note de service
- Un expéditeur / Une expéditrice
- Un objet
- Un restaurant inter-entreprise (RIE)
- La compréhension

2 Rédiger une note de service

 3. Écoutez le dialogue et écrivez la note.

Femme : Émilie, faites une note, s'il vous plaît.

Émilie : Oui, c'est à quel sujet ?

Femme : La réunion exceptionnelle de jeudi matin.

Émilie : Quel est l'ordre du jour de la réunion ?

Femme : Écrivez « Résultats financiers 2017 ».

(...) Voir transcription p. 107

Les mots pour

- Un ordre du jour
- Un résultat
- La présence
- Un tableau d'affichage
- Un accusé réception
- Exceptionnel(le)
- Obligatoire

2. Lisez la note de service et répondez.

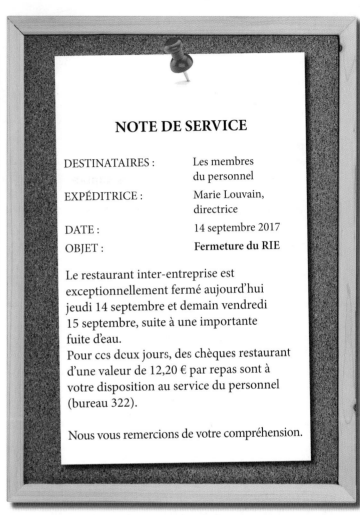

NOTE DE SERVICE

DESTINATAIRES : Les membres du personnel

EXPÉDITRICE : Marie Louvain, directrice

DATE : 14 septembre 2017

OBJET : **Fermeture du RIE**

Le restaurant inter-entreprise est exceptionnellement fermé aujourd'hui jeudi 14 septembre et demain vendredi 15 septembre, suite à une importante fuite d'eau.

Pour ces deux jours, des chèques restaurant d'une valeur de 12,20 € par repas sont à votre disposition au service du personnel (bureau 322).

Nous vous remercions de votre compréhension.

a. Qui écrit la note de service ?
b. Pour qui ?
c. Quel est l'objet de la note de service ?
d. Que signifie l'abréviation RIE ?

GRAMMAIRE

L'impératif des verbes *faire* et *aller*

■ Faire	■ Aller
Fais	Va
Faisons	Allons
Faites	Allez

GRAMMAIRE

Les articulateurs du discours simple

■ Les articulateurs servent à relier des phrases entre elles.
- *Émilie fait une note **et** un mail.*
- *Émilie fait une note **ou** un mail ?*
- *Le restaurant d'entreprise est fermé **alors** nous allons au restaurant.*

Phonétique

 La prononciation de certaines consonnes

« s »
se prononce
- [s] en début de mot ou à côté d'une consonne : *samedi – le personnel*
- [z] entre deux voyelles ou dans une liaison : *le résultat – les_étages*

« g »
se prononce
- [g] devant une consonne et devant « a », « o » et « u » : *grand – obligatoire*
- [ʒ] devant « e », « i » et « y » : *la page d'accueil – la région*

« c »
se prononce
- [k] devant une consonne et devant « a », « o » et « u » : *le café – commercial – occuper*
- [s] devant « e » et « i » : *nécessaire – décider*
- [ʃ] devant un « h » : *un chiffre*
- [g] dans *second, seconde, secondaire...*

■ **Écoutez et dites quel son vous entendez.**

a. [s] ou [z] ?
b. [s] ou [z] ?
c. [s] ou [z] ?
d. [g] ou [ʒ] ?
e. [g] ou [ʒ] ?

f. [k] ou [s] ou [ʃ] ou [g] ?
g. [k] ou [s] ou [ʃ] ou [g] ?
h. [k] ou [s] ou [ʃ] ou [g] ?
i. [k] ou [s] ou [ʃ] ou [g] ?

---

1 **Mettez les phrases à l'impératif.**

a. Adèle s'il vous plaît, (faire) une note pour les collaborateurs.
b. Tu viens Marc, c'est l'heure. (aller) à la réunion !
c. S'il te plaît Romain, (aller) dans la salle de réunion et (installer) le matériel informatique.

---

1 **Complétez avec un connecteur.**

et – ou – alors
a. La réunion est obligatoire … je viens.
b. Il est anglais … il parle bien français.
c. Il présente les résultats à la réunion … il fait une note ?

---

 4. Écoutez Alice, la responsable du personnel, et écrivez la note de service.

Annoncez à tout le personnel une coupure d'alimentation électrique ce week-end, samedi 12 mars de 6 h du matin à 14 h environ. Il s'agit de l'entretien du réseau. Tout le monde doit éteindre son ordinateur et sauvegarder ses données.

---

 5. Jouez la scène à deux. Vous donnez des instructions à votre assistant. Utilisez les verbes ci-dessous.

allumer l'ordinateur – regarder les e-mails – faire une réponse à une invitation – proposer un rendez-vous – terminer le rapport de réunion – réserver un restaurant – annuler une visite – donner au directeur le nom du nouveau collaborateur – proposer un entretien à Laure – chercher les coordonnées d'un fournisseur – aller à la salle de réunion et préparer les tables

↘ Micro-tâche

Imaginez une situation exceptionnelle dans l'entreprise. Vous devez prévenir l'ensemble du personnel, écrivez une note. Utilisez la note de service de l'activité 2 comme modèle.

Mon travail jour après jour

1 Nous parlons chiffres

 (...) Voir transcription p. 107

1. Écoutez la présentation et complétez les données.

2. **Cherchez des informations sur votre entreprise ou sur une entreprise de votre choix. Présentez ces chiffres.**

date de création – effectif – présence dans différentes régions, pays, continents – chiffre d'affaires annuel...

3. a. Lisez les annonces et répondez.

Effectif : ...
Présence en France : ...
Chiffre d'affaires annuel : ...

Description des projets	Budget des projets
Maison de retraite	...
54 logements	...
62 maisons individuelles	...
Réhabilitation lycée professionnel	...

À VENDRE
Bureau 159 m² – 4 pièces NANTES
Local à usage professionnel, centre-ville, état impeccable
Contacter l'agence
(Référence annonce : 1525)

439 000 €

a. De quels types de locaux il s'agit ?
b. Combien coûte le premier bureau ?
c. Combien coûte le deuxième bureau ?

 (...) Voir transcription p. 107

b. Écoutez et répondez.

a. L'agent immobilier présente les deux biens depuis longtemps ?
b. De quelle somme la femme dispose ?
c. Quel est son budget maximum ?
d. Combien peut-elle emprunter ?
e. Pour le premier bien, elle a besoin d'un crédit de combien ?

Les mots pour

- Une société
- Un chiffre d'affaires (CA)
- Un budget
- Un effectif
- Une construction
- Une réhabilitation
- Annuel(le)
- Estimé(e) à
- Être présent
- Prévoir

Bureau / Local
126 m²
6 pièces
NANTES
258 600 €

- 4 bureaux + 1 open space + WC avec point d'eau + 1 pièce espace de vie ; parking
- Local à rénover, en bordure du périphérique (porte de la Chapelle) avec accès direct à l'A11.

Contacter l'agence
(Référence annonce : 2772)

Les mots pour

- Une annonce
- Une référence
- Un bien
- Un local
- Le périphérique
- Un calcul
- Un banquier
- Un crédit
- Un montant
- Parfait(e)
- Suffisant(e)
- Rénover
- Emprunter
- Dépendre

GRAMMAIRE

Le passé récent

■ Il sert à évoquer une action qui s'est passée juste avant le moment présent. Il se construit avec **venir de** au présent de l'indicatif + **verbe à l'infinitif**.
- *Je **viens de voir** vos annonces sur Internet.*
- *Ils **viennent de visiter** le local.*

4. Jouez la scène à deux à partir des deux annonces ci-dessous. Utilisez le passé récent.

À VENDRE
Maison
Toulouse (Région)
330 000 €
170 m²

6 Pièces – à proximité de la gare dans une petite rue très calme

Référence 9563

À VENDRE
Maison individuelle
Toulouse (à 35 km)

362 000 € – 192 m²

6 pièces – zone tranquille – accès autoroute proche

Référence 5398

2 | Le e-commerce

5. Écoutez l'interview et observez les deux graphiques puis répondez.

Journaliste : Bonjour à tous et bienvenue sur *Radio économie*. Aujourd'hui, nous consacrons une émission spéciale au e-commerce. L'invité du jour est Henri Kuhn, spécialiste de la vente en ligne. Alors Henri Kuhn, comment se porte le e-commerce ?

(...) Voir transcription p. 107

a. Qui est l'invité de *Radio économie* ?
b. Selon l'invité, quels sont les secteurs en hausse ?
c. Et ceux en baisse ?
d. En 2015, qu'est-ce qui se vend bien en ligne ? Qu'est-ce qui se vend mal ? Justifiez avec des chiffres.

Les mots pour

- L'e-commerce
- La vente en ligne
- Un secteur
- Le trafic
- Un visiteur / Une visiteuse
- Un vendeur / Une vendeuse
- En baisse ≠ En hausse
- En tête
- Augmenter ≠ Baisser
- Vendre

1 | Mettez les phrases au passé récent.

a. Je (visiter) les nouveaux locaux de l'entreprise.
b. Nous (lire) l'annonce dans le journal.
c. Tu (calculer) le montant du crédit.
d. Anaëlle (acheter) une maison.

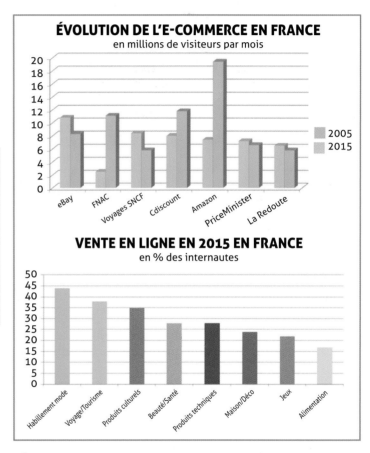

6. Et vous, qu'est-ce que vous achetez ? Sur quels sites ?

7. Posez des questions sur les deux documents puis répondez.

Exemple :
– *Quel pourcentage des internautes achète des produits culturels en 2015 ?*
– *35 % des internautes achètent des produits culturels en 2015.*

↘ Micro-tâche

Choisissez une entreprise. Cherchez des données chiffrées sur cette entreprise. Faites un (ou des) graphique(s). Présentez le(s) graphique(s) au reste du groupe. Vous commentez les données chiffrées.

Chiffres et nombres...

Le saviez-vous ?
En France, pour compter sur les doigts, on fait comme ça :

Et chez vous, comment est-ce qu'on compte sur les doigts ?

Quelques chiffres insolites de la vie courante...

1. On dort environ **25** ans au cours d'une vie.
2. On passe **115** jours à rire.
3. On passe **653** heures à attendre le train, le métro ou le bus, ou n'importe quel transport en commun. D'une manière générale, on passe 6 mois de sa vie à faire la queue.
4. On est malade **366** jours : un an de congé maladie !
5. Bientôt, on va passer **5** années de nos vies sur le Net.
6. On passe **7** ans à attendre le sommeil.
7. On est **9** ans de sa vie devant la télé.
8. On passe **16** minutes par an à se tromper de sens pour brancher un câble USB.
9. Les hommes passent **3 000** heures de leur vie à se raser.
10. Hommes – et femmes – passent **795** heures à regarder du foot, soit **33** jours !

AMAP

▶ **Résumé** : un producteur et des consommateurs parlent de l'AMAP, une association pour le maintien d'une agriculture paysanne.

▶ **Objectifs**
• Comprendre ce qu'est une AMAP.
• Découvrir les produits offerts aux consommateurs.

→ **Cahier d'activités**

1. **Posez-vous des questions et donnez des chiffres insolites.**
   Exemple : *Dans votre vie, combien de temps allez-vous passer au volant de votre voiture ?*
2. **Donnez des conseils.**
   Exemple 9 : *Les hommes passent 3 000 heures de leur vie à se raser*
   ➡ *Portez la barbe !*

Les chiffres et le monde du travail

38, c'est le nombre d'heures travaillées par les Français chaque semaine, davantage que les Allemands (35,5 heures) et que les Britanniques (36,4 heures).

Le temps passé au travail au cours d'une vie ?... **12 %**.

Le taux de chômage en France tourne autour de **10 %**, soit environ 2,5 millions de personnes. Un taux en progression depuis 1975.

73 % des salariés quittent leur domicile pour aller travailler. La distance domicile-travail moyenne parcourue est de 25,9 kilomètres, mais pour la moitié des salariés, la distance est inférieure à 7,9 kilomètres.

D'après *regionsjob.com*

Quels chiffres vous surprennent ? Lesquels se rapprochent de la réalité de votre pays ?

1 Compréhension de l'oral

Exercice 1
Vous allez entendre un dialogue. Écoutez, observez les listes ci-dessous et dites à quelle liste correspond le dialogue.

a.

À FAIRE
➡ **URGENT** Imprimer les chiffres du trimestre
➡ 10 photocopies recto-verso noir et blanc
➡ Appeler Dir. Commercial : annuler RDV 11 h
➡ Réserver salle (10 h-13 h) ce matin

b.

À FAIRE
➡ Imprimer les chiffres du trimestre
➡ 10 photocopies recto-verso couleur
➡ **URGENT** Appeler Dir. Commercial : annuler RDV 11h
➡ Réserver salle (10 h-12 h) ce matin

c.

À FAIRE
➡ Imprimer les chiffres du trimestre
➡ 6 photocopies recto-verso couleur
➡ **URGENT** Appeler Dir. Ressources humaines : annuler RDV 11 h
➡ Réserver salle (10 h-12 h) ce matin

2 Compréhension des écrits

Exercice 2
Observez ce document et répondez.

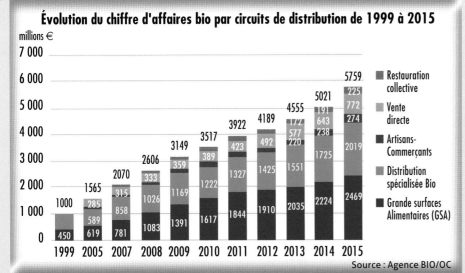

Évolution du chiffre d'affaires bio par circuits de distribution de 1999 à 2015

Source : Agence BIO/OC

a. Le secteur du bio en France enregistre
☐ une hausse ☐ une baisse
☐ une constante dans le chiffre d'affaires depuis 1999.
b. Quel est le circuit qui réalise le plus important chiffre d'affaires en 2015 ?
c. Quel est le chiffre d'affaires total en 2010 ?
d. Combien facture, en millions d'euros et en 2015, la vente directe de produits bio ?

3 Production orale

Exercice 3
Vous accueillez un collègue d'une filiale de l'étranger. Il vient d'arriver à Paris. Vous posez des questions sur son voyage, sur sa connaissance de votre ville. Vous proposez de boire ou manger quelque chose. Vous jouez le rôle de la personne en France. Un apprenant joue le rôle du collègue étranger.

4 Production écrite

Exercice 4
Vous êtes l'assistant(e) du directeur et vous rédigez une note de service à l'attention du personnel de votre usine de production. Les indications du directeur sont les suivantes :

- Convoquer le personnel de l'usine à une réunion extraordinaire
- Date : vendredi 15 mai
- Heure : 15 h 00
- Lieu : Salle de réunion – bâtiment central
- Ordre du jour : nouvelles directives en matière de sécurité
- Assistance : obligatoire, excepté personnel de garde – confirmer par mail
- Pendant la réunion : usine en service minimum (1 heure)

Tâche

Faire une présentation de votre entreprise en utilisant des chiffres

Objectif : présenter son entreprise en donnant des données chiffrées.

Étape 1

Vous déterminez les contenus de votre présentation : histoire de l'entreprise, chiffres actuels (effectifs, chiffres d'affaires…), projets, etc. Vous pouvez utiliser une carte mentale pour visualiser tous les aspects que vous voulez présenter.

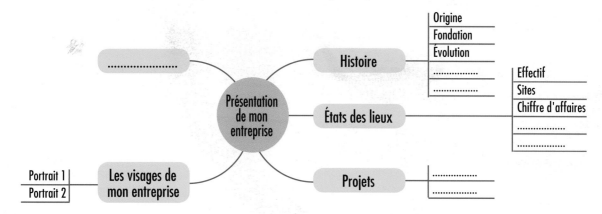

Étape 2

Vous constituez les groupes de travail. Chaque groupe va se charger d'un aspect de la présentation.

Étape 3

Vous choisissez le support de chaque partie de la présentation.

Étape 4

Vous réalisez les recherches et la collecte des données.

Étape 5

Chaque groupe met en forme sa partie et désigne une personne pour la présenter.

Étape 6

Vous faites la présentation de votre entreprise devant la classe.

Travail d'équipe

UNITÉ 8

PRÉSENTATION DES CONTENUS

Je parle du team building, je choisis une activité, je comprends un menu et je commande au restaurant, je parle de mon alimentation, je déclare un arrêt de travail, je passe une visite médicale et j'explique un problème de santé au médecin.

J'ai besoin des éléments grammaticaux suivants :

Les adjectifs (2) : féminins et pluriels irréguliers
Faire du, de la, de…
Le futur proche
Les verbes *manger* et *boire* au présent
Avoir mal à, aux…

J'ai aussi besoin des outils lexicaux suivants :

Les loisirs – Le restaurant – Les repas
Les parties du corps – La visite médicale

Travail d'équipe
UNITÉ 8

1 Le team-building

🎧 (...) Voir transcription p. 108

1. Écoutez l'interview et répondez.

a. Qui est madame Beaulieu ?
b. Qu'est-ce que signifie « team building » ?
c. À quoi sert le team building ?

Les mots pour

- Le team building
- Un contexte
- La cohésion
- Le stress
- Un conflit
- Une tension
- Se rencontrer
- Se découvrir
- Gérer
- Motiver

GRAMMAIRE

Les adjectifs (2)

Beaucoup d'adjectifs ont un féminin irrégulier.

■ Quand l'adjectif se termine par « *e* », il est invariable au féminin.
- *agréable → agréable ; jeune → jeune...*

■ Dans certains cas, pour former le féminin, il faut doubler la consonne finale.
- *bon → bonne ; gros → grosse ; intelectuel → intelectuelle...*

■ **Masculin   Féminin**
sportif   sportive
curieux   curieuse
particulier   particulière

Et il existe de nombreuses exceptions.
- *beau → belle ; long → longue ; vieux → vieille ; nouveau → nouvelle ; blanc → blanche...*

■ **Pour former le pluriel,** on ajoute généralement un « *s* » à l'adjectif au singulier. Mais il y a des exceptions. Les adjectifs qui se terminent par « *s* » ou « *x* » au singulier restent identiques au pluriel.
- *français → français ; vieux → vieux*

Les adjectifs en « *al* » font leur pluriel en « *aux* ».
- *original → originaux*

Les adjectifs en « *eau* » font leur pluriel en « *eaux* ».
- *beau → beaux ; nouveau → nouveaux*

1 Mettez au masculin ou au féminin, selon les cas.

a. Une ambiance conviviale → Un environnement ...
b. Un nouveau collègue → Une ... collègue
c. Un programme festif → Une activité ...
d. Une journée agréable → Un séjour ...

---

2. Observez le document, lisez et répondez.

CHOISISSEZ UN TEAM BUILDING ADAPTÉ !
Renforcer la cohésion d'une équipe
Intégrer des nouveaux collaborateurs
Gérer des tensions
Fêter de bons résultats

Le karting : Sur une véritable piste de karting, organisez des challenges d'endurance par équipe et des activités ludiques ! Une activité sportive.
De 15 à 70 participants
Durée : 3 h

L'escape game : Un « escape game » dans vos bureaux ! Par groupes de 2 à 6, vous devez résoudre plusieurs énigmes. Une activité collective.
De 8 à 300 participants
Durée : 2 h 30

L'atelier cuisine : Un repas comme à la maison. Chaque groupe réalise une partie du repas : apéritif, entrée, plat, dessert. Dégustation en commun en fin de séance ! Une activité festive et conviviale.
De 8 à 30 participants
Durée : une demi-journée

Découvrez dans notre catalogue plus de 70 activités.
Des activités originales, curieuses, sportives, culinaires, intelectuelles...
Pour tous les goûts et tous les budgets.

a. Quel est le document présenté ?
b. Dans quels cas peut-on organiser des activités de team building ?
c. Votre entreprise a 120 salariés. Quelle activité vous pouvez organiser ?
d. Quelle activité vous choisissez pour fêter de bons résultats ?
e. Et pour renforcer la cohésion d'une équipe ?

2 Mettez ces expressions au pluriel.

a. Une activité ludique et amusante.
b. Un loisir original.
c. Un directeur français.

2 Les activités

3. Observez le document et classez les mots en 3 catégories : activités sportives, activités culturelles et activités de réflexions.

4. Imaginez, ou recherchez sur Internet, une activité de team building originale. Vous présentez cette activité au groupe.

cuisine *rallye*
CHASSE AU TRÉSOR
THÉÂTRE enquête
chant musique mime
karting cinéma
énigmes vidéo escalade
gastronomie **jeu de piste** musée
improvisation DANSE
atelier sculpture **boxe**
ÉQUITATION accrobranche

 5. Écoutez le micro trottoir et répondez.

Intervieweuse : Bonjour monsieur, qu'est-ce que vous pensez des activités de team building ?

Homme : Formidable ! Un vrai travail d'équipe ! Grâce au team building, je viens de découvrir enfin mes collègues. On se croise tous les jours, on travaille ensemble, mais en réalité on ne se connaît pas. En plus, je viens de découvrir une activité très amusante : l'escape game !

Intervieweuse : Et vous madame, quel est votre avis sur les journées de team building ?

Femme : Je suis nouvelle dans l'entreprise et j'arrive de province, de Montpellier. Alors avec ce rallye en 2CV dans Paris, je viens de faire connaissance avec mes collègues et je viens de découvrir Paris ! C'est idéal. Maintenant, je me sens à l'aise dans mon environnement professionnel et dans ma nouvelle ville.

(…) Voir transcription p. 108

a. Quelles activités citent les personnes interrogées ?
b. Pour le premier homme, à quoi sert le team building ?
c. Pourquoi la femme est-elle satisfaite de sa journée de team building ?
d. Qui n'est pas satisfait par le team building ? Pourquoi ?

GRAMMAIRE

Faire du, de la, de l'…

■ Pour parler des activités sportives ou culturelles, on utilise le verbe *faire* suivi de *du, de la, de l'*.
- *Estelle et Nicolas **font du** karting.*
- *Adèle **fait de la** musique.*
- *Charles **fait de l'**escalade*

■ À la forme négative, on utilise le verbe faire suivi de *de* ou *d'*.
- *Léo **fait du** sport.* → *Léo **ne fait pas de** sport.*
- *Vous **faites de la** danse.* → *Vous **ne faites pas de** danse.*
- *Je **fais de l'**équitation.* → *Je **ne fais pas d'**équitation.*

1 Complétez les phrases avec *du, de la, de l'* ou *de*.

a. J'aime faire … tennis.
b. Tu ne fais pas … yoga.
c. Nous allons faire … rafting avec l'entreprise.
d. Elle fait … randonnée à la montagne.

↘ Micro-tâche

Vous donnez une définition du team building et vous donnez votre avis sur le team building. (60 à 80 mots)

Travail d'équipe

1 Les repas entre collègues

1. Écoutez et répondez.

Femme : Aline, tu viens ? On va à la cantine ?
Aline : J'arrive.
[...]
Femme : Tiens, un plateau.
Aline : Ah, j'oublie les couverts ! Alors, une fourchette, un couteau, une cuillère et un verre.
Femme : Bon, qu'est-ce qu'il y a aujourd'hui ? Filet de merlu, blanquette de veau, et en accompagnement riz ou haricots verts...
Homme : Il y a aussi des pizzas !

(...) Voir transcription p. 108

a. Où se déroule la scène ?
b. Citez tous les ustensiles que vous entendez.
c. Quels sont les plats proposés ?
d. Que prennent les deux femmes ?

2. Observez le menu et répondez.

Les mots pour

- Un plateau
- Une assiette
- Un couteau
- Une cuillère
- Un verre
- Une carafe

> **La Table de Ben**
>
> Formules déjeuner
> Entrée + plat ou Plat + dessert 16 €
> Entrée + plat + dessert 20 €
>
> *Entrées*
> Terrine de campagne maison
> Soupe à l'oignon gratinée
> Assiette de crudités
>
> *Plat*
> Pavé de saumon à l'oseille
> Poulet rôti, haricots verts
> Steack sauce au poivre et gratin dauphinois
>
> *Dessert*
> Tarte aux pommes
> Mousse au chocolat
> Salade de fruits

Les mots pour

- Un menu
- Une entrée
- Un plat
- Un dessert
- Une formule
- Un restaurant
- Une commande

a. Je prends une entrée et un dessert, je paie combien ?
b. Les boissons sont-elles comprises dans la formule ?
c. Paul ne mange pas de viande. Quelles entrées et quels plats il peut choisir ?
d. Julie n'aime pas les fruits. Quel dessert elle choisit ?
e. Quelles sont les entrées froides ?

 (...) Voir transcription p. 108

3. Écoutez le dialogue et répondez.

a. Combien de personnes sont au restaurant ?
b. Indiquez les commandes passées par chaque personne ?
c. Qu'est-ce qu'il y a dans l'assiette de crudités ?
d. Que vont-ils boire ?

GRAMMAIRE

Le futur proche

■ Il sert à évoquer une action à plus ou moins long terme : de quelques heures à plusieurs mois. Il se construit avec *aller* au présent de l'indicatif + **verbe à l'infinitif**.
- *Je **vais prendre** une entrée.*
- *Nous **allons déjeuner** au restaurant la semaine prochaine.*

1 Conjuguez ces verbes au futur proche.

a. Nous (déjeuner) au restaurant de l'entreprise.
b. Vous (prendre) une formule.
c. Je (choisir) le poisson.
d. Tu (commander) le vin.
e. Alba et Roxane (manger) ensemble à la cantine.

↳ **4. En groupe, jouez la scène du restaurant. Un(e) étudiant(e) prend la commande, les autres font leurs choix de formules et de plats à partir de la carte du restaurant *La table de Ben*.**

2 Le petit-déjeuner de travail

 5. Écoutez le dialogue et répondez.

Homme : Demain, nous accueillons nos partenaires brésiliens.
Ils arrivent à 9 heures. Vous pouvez prévoir un petit-déjeuner ?
Femme : Oui, pour combien de personnes ?
Homme : Nous serons 12.

(...) Voir transcription p. 108

a. Qui arrive demain ? À quelle heure ?
b. Qu'est-ce que la jeune femme doit organiser ?
c. Qu'est-ce qu'elle commande ?

> **Les repas**
> En France, on prend trois repas par jour.
> • Le **petit-déjeuner** le matin
> • Le **déjeuner** vers 12 h 30-13 heures
> • Le **dîner** le soir vers 20 heures
> Les enfants prennent aussi un **goûter**, vers 16 h 30.

 (...) Voir transcription p. 108

6. Écoutez et répondez.

a. Qui parle ? De quoi parlent ces personnes ?
b. Complétez le tableau selon les réponses des personnes
interrogées.

	Qu'est-ce qu'ils mangent ?	Qu'est-ce qu'ils boivent ?
Femme 1		
Homme		
Femme 2		

 7. Dites ce que vous prenez au petit-déjeuner.

GRAMMAIRE

Les verbes *manger* et *boire* au présent

■ **Manger**
Je mang**e**
Tu mang**es**
Il/Elle/On mang**e**
Nous mang**eons**
Vous mang**ez**
Ils/Elles mang**ent**

■ **Boire**
Je boi**s**
Tu boi**s**
Il/Elle/On boi**t**
Nous b**uvons**
Vous b**uvez**
Ils/Elles boi**vent**

1 **Complétez avec *manger* ou *boire* et conjuguez au présent.**

a. Ils ... un croissant au petit-déjeuner.
b. Lucile ... quatre cafés par jour !
c. Nous ... à 13 heures au restaurant de l'entreprise.
d. Vous ... de l'eau ou du vin ?
e. Je ne ... pas de viande.

↘ Micro-tâche
Vous réalisez une enquête dans votre groupe sur les habitudes au petit-déjeuner. Vous interrogez les autres apprenants et vous présentez les résultats à l'ensemble du groupe. Vous pouvez travailler en binôme ou en petit groupe.

Les mots pour

• Le petit-déjeuner
• Une tartine
• La confiture
• Un café

• Un thé
• Une viennoiserie
• Un croissant
• Un pain au chocolat

• Un yaourt
• Un fruit
• Manger
• Boire

8. Lisez l'article et répondez.

> **Une nouvelle tendance : le petit-déjeuner de travail !**
>
> Entre viennoiseries, café, thé et jus d'orange, le petit-déjeuner d'affaires est à la mode. Il est très convivial. Il ne dure pas trop longtemps à la différence du déjeuner de travail. Et il ne coupe pas la journée. Le matin, les clients sont disponibles. Ils ne sont pas encore sollicités. Pour certains, les meilleures affaires se traitent au petit-déjeuner ! Le petit-déjeuner de travail peut se dérouler dans les locaux de l'entreprise. Mais on peut aussi inviter le client dans un hôtel ou un restaurant. Dans tous les cas, c'est une réussite !

a. Quels sont les avantages du petit-déjeuner de travail ?
b. Où se déroulent les petits-déjeuners de travail ?
c. Qu'est-ce qui est proposé à boire et à manger lors d'un petit-déjeuner de travail ?
d. Que pensez-vous du petit-déjeuner de travail ?

1 L'arrêt de travail

1. Écoutez la conversation téléphonique et répondez.

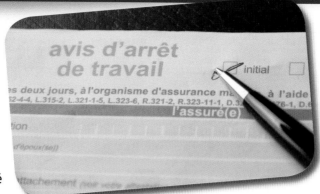

avis d'arrêt de travail ☑ initial ☐

Marc : Allô Mathieu ?

Mathieu : Oui ?

Marc : C'est Marc. Je me suis cassé la jambe au foot hier soir.

Mathieu : Ah, non ! Tu as mal ?

Marc : Maintenant, ça va. Mais j'ai un plâtre. Je ne peux pas venir au bureau.

(...) Voir transcription p. 108

a. Qui sont les deux personnes au téléphone ?
b. Qu'est-ce qui est arrivé à Marc ?
c. Marc a un arrêt de travail de combien de temps ?
d. Quel est le problème avec Selma Dutour ?
e. Comment Marc va-t-il travailler ?

La sécurité sociale
La sécurité sociale est un organisme officiel. Les salariés français cotisent tous à la sécurité sociale. Ensuite, quand le salarié est malade, il a droit à des indemnités. La sécurité sociale paye les indemnités au salarié.

2 La visite médicale

3. Lisez le mail et répondez.

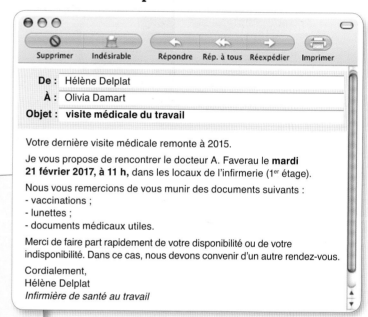

Supprimer Indésirable Répondre Rép. à tous Réexpédier Imprimer

De : Hélène Delplat
À : Olivia Damart
Objet : visite médicale du travail

Votre dernière visite médicale remonte à 2015.

Je vous propose de rencontrer le docteur A. Faverau le **mardi 21 février 2017, à 11 h,** dans les locaux de l'infirmerie (1er étage).

Nous vous remercions de vous munir des documents suivants :
- vaccinations ;
- lunettes ;
- documents médicaux utiles.

Merci de faire part rapidement de votre disponibilité ou de votre indisponibilité. Dans ce cas, nous devons convenir d'un autre rendez-vous.

Cordialement,
Hélène Delplat
Infirmière de santé au travail

a. Quel est l'objet du mail ?
b. Où et quand a lieu le rendez-vous ?
c. Qu'est-ce qu'Olivia Damart doit apporter ?
d. Olivia Damart n'est pas disponible. Que se passe-t-il ?

2. Lisez le document et répondez.

L'arrêt maladie

Vous tombez malade : vous devez déclarer votre maladie à votre employeur et à la sécurité sociale. Votre arrêt est prolongé ? Vous devez adresser l'avis de prolongation à votre employeur et à la sécurité sociale.

Dans les 2 jours ouvrables après la date d'interruption de travail, vous devez envoyer les volets n° 1 et n° 2 de l'avis d'arrêt de travail à la sécurité sociale.

Vous devez également envoyer le volet n° 3 à votre employeur, dans un délai de 2 jours environ.

La déclaration de votre maladie justifie votre absence au travail. Elle donne droit à des indemnités de la Sécurité sociale et de votre employeur. Mais vous devez faire les démarches dans les délais. Sinon vous avez une retenue financière.

Durant l'arrêt de travail, vous devez respecter les règles suivantes :
▸ suivre les prescriptions du médecin,
▸ accepter les contrôles médicaux de l'employeur et de la sécurité sociale,
▸ respecter l'interdiction de sortie ou respecter les horaires de sorties.
▸ ne pas exercer d'activités, sauf avec une autorisation du médecin

D'après www.servicepublic.fr

a. Vous êtes malade, qu'est-ce que vous faites ?
b. Combien il y a de volets dans l'arrêt de travail ?
c. À qui vous devez envoyer les volets 1 et 2 ?
d. Et le volet n° 3 ?
e. Vous ne faites pas les démarches dans les délais. Qu'est-ce qui se passe ?
f. Citez deux règles à respecter pendant l'arrêt de travail.

Les mots pour

- Un arrêt maladie
- Une maladie
- Une prolongation
- Une interruption
- Une absence
- Une indemnité
- Une démarche
- Un délai

- Une retenue financière
- Une prescription
- Un contrôle médical
- Une interdiction
- Tomber malade
- Déclarer
- Justifier

 4. Vous répondez à ce mail. Vous n'êtes pas disponible à la date proposée. Vous donnez vos disponibilités.

 5. Écoutez le dialogue et répondez.

Le médecin : Monsieur Texier ?
Monsieur Texier : Oui, bonjour.
Le médecin : Bonjour. Entrez, je vous en prie. Alors je regarde votre dossier. Votre dernière visite médicale remonte à 2015. Tout va bien ? Pas de problème de santé ?
Monsieur Texier : Ça va.

(...) Voir transcription p. 109

a. Qui sont les deux personnes ?
b. Quels sports pratique monsieur Texier ?
c. Quelles questions le médecin pose à monsieur Texier ?
d. Quels sont les horaires de travail de monsieur Texier.

 (...) Voir transcription p. 109

6. Écoutez le dialogue et répondez.

a. Où se passe la scène ? Qui sont les deux personnes ?
b. Madame Chabert a mal où ?
c. Qu'est-ce qu'elle a ?
d. Qu'est-ce que le médecin note sur l'ordonnance ?

Les mots pour

- Une visite médicale
- Un médicament
- Une balance
- La tension
- La fièvre
- La grippe
- La toux
- Un sirop
- L'aspirine
- Le paracétamol
- Une ordonnance
- Être enrhumé(e)

GRAMMAIRE

Avoir mal à, à la, au, aux...

■ Pour exprimer un problème de santé, on utilise l'expression *avoir mal à, au, aux...*
- *J'**ai mal à** la tête.*
- *Tu **as mal au** ventre.*
- *Ils **ont mal aux** dents.*

7. À deux, jouez la scène chez le médecin. L'un des apprenants est le patient, l'autre le médecin. Vous signalez au médecin un problème de santé. Utilisez l'expression « *avoir mal à...* ».

Les mots pour

Les parties du corps

- La tête
- L'œil / Les yeux
- L'oreille
- Le nez
- La bouche
- Le bras
- Le ventre
- La main
- La jambe
- Le pied

Phonétique

 Les voyelles nasales

■ En français, il y a 3 voyelles nasales : [ɑ̃],[ɛ̃],[ɔ̃].
- [ɑ̃] : rest**an**t – une **en**trée – une **am**biance – **en**semble
- [ɛ̃] : **in**tellectuel – lu**n**di – dem**ain**
- [ɔ̃] : nous dev**on**s – un c**on**trôle – c**om**pléter

■ Écoutez et répétez.
a. Il m**an**ge des alim**en**ts s**ain**s.
b. C'est la f**in** du c**on**cours. C'est **un** gr**an**d mom**en**t !
c. Ils f**on**t de l'accrobr**an**che, de la d**an**se et de l'équitati**on**.
d. Lu**n**di, je fais de la r**an**donnée **en** m**on**tagne.

Savoir dire

La fréquence
- Je ne suis jamais malade.
- Il est souvent malade.
- Tu es toujours en forme.

↘ Micro-tâche

Vous êtes en arrêt maladie, vous devez reprendre le travail lundi mais ne pouvez pas sur avis du médecin. Vous expliquez ceci à votre supérieur par mail, vous lui donnez les raisons et votre éventuelle date de reprise. (60 à 80 mots)

La pause-déjeuner et les habitudes des Français

Le déjeuner, pendant la journée de travail, est un moment important. Quelles sont les habitudes des Français ?

Une étude menée dans 14 pays révèle que ce sont les Français qui passent le plus de temps à déjeuner.

50 % des personnes interrogées prennent plus de 45 minutes pour leur pause-déjeuner. C'est entre 12 h 30 et 14 h que les Français déjeunent.

Le déjeuner, c'est sacré : on se met à table, on prend le temps de manger avec des collègues, on déjeune à heure fixe.

Les Français, contrairement aux Polonais ou aux Japonais, apportent très peu leur repas au travail. Seulement un quart des personnes interrogées prépare sa « gamelle » au moins une fois par semaine. Au Japon, par contre, apporter son « bento », sa boîte repas, est presque une coutume, une tradition.

Les Français préfèrent manger à la cantine ou au restaurant de l'entreprise.

D'après *LeParisien*, Émilie Torgemen, 28 avril 2016

1. Quand les Français font-ils la pause-déjeuner ? Et quelles sont leurs préférences ?
2. Quand a lieu la pause-déjeuner chez vous ? Vous allez au restaurant de l'entreprise ou vous apportez votre repas au travail ?

Les loisirs

▶ **Résumé** : reportage sur le temps libre.

▶ **Objectifs**
• Connaître les types d'activités de temps libre.
• Découvrir comment les gens occupent leur temps libre.

→ **Cahier d'activités**

L'alimentation en entreprise : une préoccupation du gouvernement, en France

Améliorer la santé des salariés par la nutrition et l'activité physique, c'est ce que propose le PNNS, Programme National Nutrition Santé aux entreprises, depuis 2001.

Des actions sont mises en place pour développer ce programme. Une charte est proposée aux entreprises qui souhaitent devenir actives du PNNS.

Dans cette charte, il y a plusieurs articles qui obligent l'entreprise à s'engager à améliorer la nutrition de ses salariés, à faire la promotion d'une nutrition conforme au PNNS.

1. À quoi s'engage une entreprise active du PNNS ?
2. Dans votre pays, l'alimentation en entreprise est-elle une préoccupation du gouvernement ?

MANGER BOUGER C'EST LA SANTÉ

Entraînement aux examens

1 Compréhension de l'oral

Exercice 1
Vous allez entendre une interview. Écoutez puis répondez.

a. Pourquoi l'entreprise organise une journée de team building ? (2 réponses attendues)
b. Quelle activité va faire la femme, le matin ?
c. Quelle activité elle va faire, l'après-midi ?
d. Avec qui elle participe à l'activité de l'après-midi ?
e. Que pense l'homme du team building ?
f. Quelle activité va faire l'homme, le matin ?
   ☐ L'escape game.   ☐ L'atelier théâtre-impro.   ☐ L'atelier cuisine.
g. Pourquoi il trouve que cette activité est parfaite ?
h. Quelle activité va faire l'homme, l'après-midi ?
   ☐ L'escape game.   ☐ L'atelier théâtre-impro.   ☐ L'atelier cuisine.

2 Compréhension des écrits

Exercice 2
Lisez le programme d'une journée de team building et répondez.

Jeudi 19 décembre
→ 8 h 00 : rendez-vous devant l'entreprise
   Départ en bus
→ 8 h 30 : petit-déjeuner
→ 9 h 30–12 h 00 : improvisation théâtrale
→ 12 h 30–14 h 00 : déjeuner
→ 15 h–16 h 30 : karting
→ À partir de 20 h : dîner
→ Minuit : retour en bus

a. Que doivent faire les employés à 8 h, le jeudi 19 décembre ?
b. Quelle activité font les employés entre 9 h 30 et midi ?
c. Que font les employés entre 12 h 30 et 14 h ?
d. Ils font quelle activité, l'après-midi ?
e. Quel moyen de transport utilisent les employés pour aller à la journée de team building ?

3 Production orale

Exercice 3
Votre collègue est malade. Vous téléphonez à ce collègue, vous demandez des nouvelles de sa santé et proposez de réaliser quelques tâches à sa place.

4 Production écrite

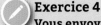

Exercice 4
Vous envoyez un mail à votre responsable pour expliquer que vous êtes malade et n'allez pas au bureau aujourd'hui. Vous donnez des consignes pour vos collègues. (60 à 80 mots)

1 Écoutez et complétez la liste.

À faire

→ Mail pour … ; communiquer …

→ Billet d'avion … (date : …) et …

→ … à la filiale Hollande : dire …

→ Photocopies : …

→ Préparer … dépliants publicitaires

2 Complétez les phrases avec les mots suivants à la forme correcte.

imprimer – vite – téléphoner – lentement – répéter – couleur – recto-verso – photocopie – récapituler

a. Pouvez-vous faire quatre … de ce document ?
En …, s'il vous plaît ?

b. Excusez-moi, vous parlez … Pouvez-vous … ?

c. Vous voulez ce document sur une face ou … ?

d. Je ne comprends pas bien. Pouvez-vous parler plus … ?

e. Je … : vous … ce fichier en deux exemplaires et vous … à monsieur Dubois pour changer le rendez-vous. Merci.

3 Complétez avec les verbes *prendre, faire, comprendre* et *apprendre* au présent.

a. – Vous … l'autobus ou le métro ?
– Je préfère le vélo. Comme ça, je … du sport.

b. Excusez-moi, vous pouvez répéter, s'il vous plaît ? Je ne … pas.

c. Elsa et Louis … un café à la cafétéria.

d. Nous ne … pas l'allemand, mais nous … des cours et nous … très vite !

e. Qu'est-ce que vous … ? Vous êtes très occupé ?

4 Choisissez la forme correcte.

a. Mademoiselle Wei, *fais / faites* une réservation pour midi !

b. Michaël, si tu peux, *va / allez* à la conférence !

c. Estelle, s'il te plaît, *fais / faites* des photocopies de ce document !

d. S'il vous plaît Émilie, *va / allez* au rendez-vous à ma place, cet après-midi ; je suis occupé.

5 Complétez la note de service.

Note de …

… : 24 mai
… : La Direction
DESTINATAIRES : Personnel Département Administratif
… : Réunion

La Direction convoque une réunion … ce lundi 29 mai à 11 h 30 dans la grande salle de réunion. L'… est l'adoption de mesures urgentes pour minimiser les effets de la grève des transports routiers.
La présence à la réunion est … pour tout le personnel convoqué.
Merci de bien vouloir confirmer votre assistance ou de justifier votre absence à l'adresse suivante : balmain.jf@oide.fr

Nous vous remercions de votre …

Caroline F. - Assistante de Direction

6 Mettez ces phrases au passé récent.

a. Les ventes augmentent de 3%.

b. Je constate la baisse dans les ventes de ce produit.

c. 30 nouveaux visiteurs se connectent.

d. Ce vendeur fait un excellent chiffre de ventes.

7 Observez et complétez ce document, puis complétez les phrases avec un articulateur : *et, ou, alors.*

SOCIÉTÉ TÉLYCOM

... : 78 personnes
... en Europe : Siège à Bordeaux –
Filiales : Zurich, Fribourg, Liège, Amsterdam
... annuel : 1 597 600 euros

Projets	... des projets
• Installation téléphonique, interphonique et vidéophonique pour école de commerce	25 258 euros
• Installation système d'intrusion pour la société Galvis	49 550 euros
• Réseau fibre optique pour le Groupe Sacycom	69 870 euros
• Réseau de téléphonie fixe et mobile pour la Maison de la Culture	35 960 euros

a. La société Télycom est présente en France ... en Europe.
b. Elle a beaucoup de projets, ... elle recrute du personnel régulièrement.
c. Ses clients peuvent acheter ... louer les appareils de télécommunication.

8 Associez les mots aux adjectifs. Parfois, plusieurs réponses possibles.

a. des activités
b. un atelier
c. un programme
d. une équipe
e. des collègues
f. une journée

• jeune
• convivial
• festives
• amusant
• compétitive
• originales
• agréable
• sportifs

9 Complétez avec le verbe *faire* à la forme correcte et l'article qui convient.

a. Élodie ... ... randonnée.
b. Éva et Willy ... ... yoga.
c. Isabelle ne ... pas ... danse.
d. Xavier et moi, nous ... ... musique.
e. Mathilde et toi, vous ne ... pas ... tennis.

10 Écrivez le nom de ces objets.

a.   **b.**   **c.**   **d.**   **e.**   **f.**

11 Écoutez le dialogue, écrivez le menu et répondez.

a. Quelle entrée choisit le client ?
b. Et quel plat principal ?
c. Le client va prendre un dessert ? Si oui, quel dessert ?
d. Que va boire le client ?

menu du jour

12 Terminez les phrases, comme dans l'exemple.
Exemple : Aujourd'hui, je prends du café mais demain, *je vais prendre du thé.*

a. Aujourd'hui, nous déjeunons à la maison mais ce soir, ...
b. Émilie prend une viennoiserie au petit-déjeuner mais Phil ...
c. Il n'y a pas de yaourt, alors je ...
d. Elle n'aime pas les croissants, alors elle ...
e. Je n'aime pas boire du thé, alors je ...

13 Complétez les phrases avec *jamais, parfois, souvent* ou *toujours.*

a. C'est la première fois que Roxanne est en arrêt maladie ; elle n'est ... malade.
b. Karl est un sportif de haut niveau ; il a ... des lésions.
c. Pour pratiquer ce sport à risque, il est nécessaire de ... prendre des mesures de sécurité.
d. Je fais ... de la bicyclette, mais ce n'est pas mon sport préféré.

14 Complétez ces phrases.

a. Tu as mal ... ? Va chez le dentiste !
b. Vous avez mal ... ? Allez voir un oto-rhino-laryngologiste !
c. Tu as mal ... ? Prends rendez-vous chez un traumatologue !
d. Vous avez mal ... ? Allez chez l'ophtalmologiste !

Organiser une journée de team building

Objectif : faire le programme détaillé d'une journée de team building pour renforcer la cohésion d'équipe dans votre entreprise.

Étape 1
En petits groupes, vous créez un questionnaire santé pour tous les employés. Restrictions alimentaires, allergies, intolérances, problèmes de santé...

Étape 2
Vous analysez les contraintes imposées par les employés pour établir les menus des 3 repas.

Étape 3
Vous faites les menus des 3 repas et vous faites une liste des aliments nécessaires pour les menus.
Vous pouvez présenter les trois repas sous forme de carte mentale et lister tous les produits.

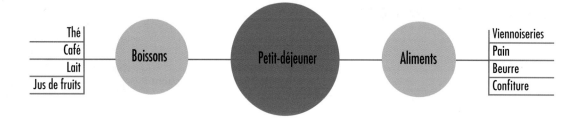

Étape 4
Vous choisissez deux activités de team building et vous présentez ces activités.

Étape 5
Vous faites une brochure de présentation de la journée entière. Vous précisez les horaires, les menus, les activités...

Étape 6
Vous préparez une présentation orale de cette journée et vous présentez votre programme en grand groupe.

Étape 7
Après toutes les présentations des programmes par tous les groupes, vous votez pour le meilleur programme et vous justifiez votre choix.

Annexes

Annexes

1. Les noms

■ Le féminin des noms

Pour former le féminin des noms, en général, on ajoute un *e* au nom.
un étudiant → une étudiante
Il y a des cas de transformation
Les noms terminés en…
• *-ien donnent -ienne : un pharmacien → une pharmacienne*
• *-er donnent -ère : un étranger → une étrangère*
• *-eur donnent -euse : un vendeur → une vendeuse*
• *-teur donnent -trice : un traducteur → une traductrice*
• *-if donnent -ve : un sportif → une sportive*
Certains noms ont la même forme au masculin et au féminin.
un secrétaire → une secrétaire

■ Le pluriel des noms

Pour former le pluriel des noms, en général, on ajoute un *s* au nom.
un collaborateur → des collaborateurs
Il y a cependant des cas particuliers.
• Les noms qui finissent par *-s*, *-x* ou *-z* ne changent pas au pluriel
un cas → des cas
• Les noms qui finissent par *-au*, *-eau* ou *-eu* prennent un « **x** »
au pluriel.
un jeu de rôle → des jeux de rôle
• Les noms qui finissent par *-al* ou *-ail* prennent souvent « **aux** »
au pluriel.
un travail → des travaux

2. Les adjectifs qualificatifs

■ Pour former le féminin de l'adjectif qualificatif, en général,
on ajoute *e* au masculin.
• *Un joli bureau → Une jolie chaise*
• *Un candidat motivé → Une candidate motivée*
Dans certains cas, il faut aussi doubler la consonne finale.
• *bon → bonne ; gentil → gentille ; nul → nulle ; ancien → ancienne ;
bas → basse*
Certains adjectifs se terminent en « *e* » au masculin et au féminin.
• *flexible, enthousiaste, modeste, économique, jeune…*
Il existe un certain nombre d'exceptions.
• *beau → belle ; complet → complète ; long → longue ;
public → publique ; blanc → blanche ; nouveau → nouvelle ;*

■ La formation du pluriel

Pour former le pluriel des adjectifs, en général, on ajoute un *s*
à l'adjectif au singulier (masculin ou féminin).
• *Mon collègue est grand. → Mes collègues sont grands.*
• *Cette candidate est motivée. → Ces candidates sont motivées.*

3. L'interrogation

■ Il y a plusieurs manières de formuler une question.
– À l'aide d'une intonation montante.   • *Tu vas venir ?*
– En utilisant *est-ce que*.   • *Est-ce que tu vas venir ?*
– En inversant le sujet.   • *Vas-tu venir ?*

■ On peut aussi utiliser des pronoms ou des adjectifs
interrogatifs : *pourquoi ? quand ? où ? qui ? que ? qu'est-ce que ?
quel(s) ? quelle(s) ?…*
• où : **Où** *travaille-t-il ?*
• quand : **Quand** *commences-tu ton nouveau travail ?*
• comment : **Comment** *s'appelle le directeur ?*
• combien : **Combien** *d'heures il travaille par semaine ?*
• qui : **Qui** *est là ?*
• pourquoi : **Pourquoi** *vous envoyez une lettre de candidature ?*
• que : **Que** *savez-vous de notre entreprise ?*
• quel : **Quel** *est le nom de ton entreprise ?*

4. La négation

La négation la plus courante est **ne… pas**
• *Je **ne** parle **pas** anglais.*

5. Les prépositions devant les noms de lieux

■ Devant un nom de ville, on utilise **à**.
• *Tu travailles **à** Paris, **à** Madrid…*
• *Chloé va **à** Londres, **à** Bruxelles…*
• *Nous habitons **à** Berlin, **à** Mexico…*

■ Devant un nom de pays féminin, on utilise **en**.
• *Pierre travaille **en** France, **en** Italie, **en** Suisse…*
Devant un nom pays masculin, on utilise **au**.
• *J'habite **au** Japon, **au** Brésil…*
Devant un nom de pays masculin pluriel, on utilise **aux**.
• *Je vais **aux** États-Unis, **aux** Pays-Bas…*

6. *Aller à, être à, venir de* + lieu

■ Les verbes *aller, être* et *venir* peuvent être suivis de différentes
prépositions. Ils sont utilisés pour indiquer le lieu où l'on est, le
lieu où l'on va, le lieu d'où l'on vient.
• le lieu où l'on est : *Je **suis à** la maison, **au** travail…*
• le lieu où l'on va : *Rose **va à** Paris, **au** travail…*
• le lieu d'où l'on vient : *Nous venons **d'**Espagne, **du** Brésil,
de la banque…*

■ Quand ces verbes sont suivis d'un nom de personne ou d'une
profession, on utilise la préposition **chez**.
• *Je vais/suis/viens de **chez** moi, **chez** le docteur, **chez** Paul.*

Les auxiliaires

	Présent	Impératif		Présent	Impératif
avoir	j'ai tu as il a nous avons vous avez ils ont	aie ayons ayez	**être**	je suis tu es il est nous sommes vous êtes ils sont	sois soyons soyez

Verbes réguliers

	Présent	Impératif		Présent	Impératif
chanter (1er groupe)	je chante tu chantes il chante nous chantons vous chantez ils chantent	chante chantons chantez	**finir** (2e groupe)	je finis tu finis il finit nous finissons vous finissez ils finissent	finis finissons finissez

Verbes irréguliers terminés en -ir

	Présent	Impératif		Présent	Impératif
partir	je pars tu pars il part nous partons vous partez ils partent	pars partons partez	**venir**	je viens tu viens il vient nous venons vous venez ils viennent	viens venons venez

Verbes irréguliers terminés en -oir

	Présent	Impératif		Présent	Impératif
devoir	je dois tu dois il doit nous devons vous devez ils doivent	dois devons devez	**pouvoir**	je peux tu peux il peut nous pouvons vous pouvez ils peuvent	
recevoir	je reçois tu reçois il reçoit nous recevons vous recevez ils reçoivent	reçois recevons recevez	**savoir**	je sais tu sais il sait nous savons vous savez ils savent	sache sachons sachez
voir	je vois tu vois il voit nous voyons vous voyez ils voient	vois voyons voyez	**vouloir**	je veux tu veux il veut nous voulons vous voulez ils veulent	veuillez

Les verbes irréguliers terminés en –re

	Présent	Impératif		Présent	Impératif
apprendre	j'apprends tu apprends il apprend nous apprenons vous apprenez ils apprennent	apprends apprenons apprenez	**connaître**	je connais tu connais il connaît nous connaissons vous connaissez ils connaissent	connais connaissons connaissez
croire	je crois tu crois il croit nous croyons vous croyez ils croient	crois croyons croyez	**dire**	je dis tu dis il dit nous disons vous dites ils disent	dis disons dites
écrire	j'écris tu écris il écrit nous écrivons vous écrivez ils écrivent	écris écrivons écrivez	**faire**	je fais tu fais il fait nous faisons vous faites ils font	fais faisons faites
lire	je lis tu lis il lit nous lisons vous lisez ils lisent	lis lisons lisez	**mettre**	je mets tu mets il met nous mettons vous mettez ils mettent	mets mettons mettez
prendre	je prends tu prends il prend nous prenons vous prenez ils prennent	prends prenons prenez	**vendre**	je vends tu vends il vend nous vendons vous vendez ils vendent	vends vendons vendez

Autres verbes irréguliers

	Présent	Impératif		Présent	Impératif
aller	je vais tu vas il va nous allons vous allez ils vont	va allons allez	**appeler**	j'appelle tu appelles il appelle nous appelons vous appelez ils appellent	appelle appelons appelez
envoyer	j'envoie tu envoies il envoie nous envoyons vous envoyez ils envoient	envoie envoyons envoyez	**payer**	je paie/paye tu paies/payes il paie/paye nous payons vous payez ils paient/payent	paie/paye payons payez

Unité 1

Leçon 1 – Page 8

1 Présentation
Activité 1

a. Bonjour, je m'appelle Gladys et voici Lucas.
b. Je m'appelle Louis. Et comment vous vous appelez ?
c. C'est Sophie ! Et voici Léa.
d. – Tu t'appelles Sara ? – Non, je m'appelle Pauline.
e. – Comment tu t'appelles ? – Je m'appelle Clémence.

Leçon 1 – Page 8

2 Bonjour
Activité 3

Dialogue 1
Femme 1 : Bonjour Anna, comment allez-vous ?
Anna : Très bien et vous ?
Femme 1 : Ça va, merci. Voici Sophie.
Sophie : Bonjour, enchantée.

Dialogue 2
Homme : Bon après-midi Sara.
Sara : Merci, à bientôt.

Dialogue 3
Homme 1 : Salut Michel, tu vas bien ?
Homme 2 : Salut Éric. Ça va et toi ?
Homme 1 : Bof…

Leçon 1 – Page 8

3 Mon nom
Activité 5

a. Bonjour, je m'appelle Alex, A L E X.
b. Voici Séverine Duval, D U V A L.
c. Il s'appelle Julien Lacoste. Julien, J U L I E N, Lacoste, L A C O S T E.
d. Mon prénom c'est Alice, A L I C E et mon nom c'est Saladin, S A L A D I N.
e. Tu t'appelles Charlotte, C H A R L O T T E, Perrin, P E R R I N.

Leçon 1 – Page 9

Activité 7

1. Mon entreprise, c'est Michelin, M I C H E L I N.
2. Chanel, C H A N E L. Les parfums, la mode…
3. Mon entreprise s'appelle SNCF.
4. Ma voiture, c'est une Renault R E N A U L T.
5. Air France, A I R F R A N C E. Les avions.

Leçon 1 – Page 9

4 Ma famille
Activité 9

Dialogue 1
Masami : Bonsoir, je suis Masami.
Homme : Bonsoir Masami, je m'appelle Arnaud. Quel âge as-tu ?
Masami : J'ai 38 ans, je suis mariée avec Philippe. Tu es marié ?
Homme : Non, je suis célibataire.

Dialogue 2
Homme : Bonsoir, je m'appelle Nicolas et voici Anaëlle. Comment vous appelez-vous ?

Femme : Bonsoir, je suis Nathalie. Vous êtes mariés ?
Homme : Non, moi je suis célibataire et Anaëlle est divorcée.

Dialogue 3
Homme 1 et femme 1 : Bonsoir, nous sommes Svetlana et Grégory. Et vous ?
Homme 2 : Je m'appelle Bastien et voici Marina, nous sommes en couple. Vous aussi ?
Homme 1 et femme 1 : Oui, nous sommes mariés.
Homme 2 : Vous avez des enfants ?
Homme 1 et femme 1 : Oui, nous avons deux enfants, une fille et un fils.

Leçon 2 – Page 10

1 La carte de visite
Activité 4

a. 06 21 49 31 68
b. 02 32 45 67 15
c. 01 08 10 12 39
d. paul28@gmail.com
e. c-bonjour@france.fr

Leçon 2 – Page 10

2 Les professions
Activité 6

Dialogue 1
Homme 1 : Qu'est-ce qu'elle fait ?
Homme 2 : Elle est assistante de direction.

Dialogue 2
Homme : Qu'est-ce que tu fais ?
Femme : Je suis hôtesse de l'air.

Dialogue 3
Femme : Qu'est-ce que vous faites ?
Homme : Je suis informaticien.

Dialogue 4
Femme : Qu'est-ce tu fais ?
Homme : Je suis comptable.

Dialogue 5
Femme : Qu'est-ce que tu fais ?
Homme : Je suis médecin.

Dialogue 6
Homme : Qu'est-ce qu'il fait ?
Femme : Il est professeur.

Leçon 2 – Page 11

Activité 7

1. Il s'appelle Michel Édouard Leclerc et il a 64 ans. Il est Président Directeur Général des magasins Leclerc, des supermarchés.
2. Elle s'appelle Fleur Pellerin. Elle a 44 ans. Elle finance des starts-up françaises en Asie.
3. Il s'appelle Ali Baddou, il travaille à la radio. Il est journaliste.
4. Catherine Barba Chiaramonti a 43 ans. Elle travaille dans le e-commerce. Elle est entrepreneuse.
5. Il s'appelle Jean Nouvel. Il est français et il est architecte. Il travaille dans le monde entier.

Annexes

Leçon 3 – Page 12
1 Les nationalités et les langues
Activité 1

Dialogue 1
Femme : Voici Paul, il travaille au service clientèle. Il est canadien.
Homme : Bonjour Paul. Vous parlez français et anglais ?
Paul : Oui et je parle aussi espagnol.

Dialogue 2
Femme 1 : Bonjour, je m'appelle Céline.
Femme 2 : Tu n'es pas française ?
Femme 1 : Non, je suis allemande.

Dialogue 3
Femme : Salut Nasser, tu vas bien ? Tiens, voilà Mary.
Mary : Salut. Vous allez bien ?
Femme : Salut, Mary. Ça va !
Nasser : Quelle est ta nationalité ?
Mary : Je suis anglaise et toi ?
Nasser : Je m'appelle Nasser, je suis marocain. Et tu fais quoi ?
Mary : Je suis assistante de direction. Et tu es commercial, c'est bien ça ?
Nasser : Non, je ne suis pas commercial. Je suis responsable logistique.

Leçon 3 – Page 12
Activité 2

Dialogue 1
Pablo : Bonjour, je m'appelle Pablo.
Andrea : Bonjour Pablo. Tu n'es pas français ?
Pablo : Non, je suis espagnol. Et toi, tu n'es pas espagnole ?
Andrea : Non, je suis allemande. Je m'appelle Andrea.

Dialogue 2
Homme : Madame Noiret, vous êtes la directrice commerciale ?
Madame Noiret : Non, je ne suis pas la directrice commerciale. Je suis la responsable du service informatique.

Dialogue 3
Femme : Voici Karl et Stefan. Ils sont nouveaux dans l'entreprise.
Homme : Bienvenue. Vous n'êtes pas français ?
Karl et Stefan : Non, nous sommes allemands.

Dialogue 4
Femme : Tu parles français Dan ?
Dan : Oui, je parle français. Je parle aussi italien et chinois.
Femme : Je ne parle pas chinois, mais je parle italien.

Dialogue 5
Femme : Louis et Léa, vous avez bien 18 ans ?
Léa : Non, j'ai 24 ans.
Louis : Non, je n'ai pas 18 ans. J'ai 17 ans.

Entraînement aux examens – Page 15

Message 1
Femme : Bonjour, je m'appelle Séverine. Je suis commerciale. Je travaille pour une entreprise française.

Message 2
Femme : Mon numéro de téléphone est le 01 41 39 02 10. Je suis conseillère clientèle.

Message 3
Homme : Mon entreprise s'appelle Expertis. Je suis consultant.

Message 4
Homme : Je suis monsieur Martinet. Je suis informaticien.

Unité 2

Leçon 1 – Page 18
1 Mon entreprise
Activité 1

1. Bonjour, je m'appelle Isabelle Louvois. Je travaille chez Istex, une petite entreprise du secteur audiovisuel. Notre société est spécialisée dans le domaine de la photographie, la vidéo et les composants informatiques pour les ordinateurs personnels. Je suis la responsable des ressources humaines. Nous sommes vingt-cinq personnes chez Istex.
2. Je suis Pascal Houbert de la société H&L. C'est une entreprise du secteur alimentaire. Nous proposons des produits de l'agriculture biologique. Nous sommes 20 personnes et je suis le directeur. Il y a aussi un directeur adjoint.
3. Mon nom est Olivia Sacks et je suis contrôleuse de gestion chez BâtiPro. Deux jours par semaine, je suis en télétravail : je travaille à la maison. C'est très agréable.

Leçon 2 – Page 20
1 Bienvenue !
Activité 1

[...]
Nicolas Schmitt : Très bien. Elle couvre aussi mes enfants ?
Pierre Rocher : Oui, tout à fait. Vous avez des lunettes, eh bien la mutuelle rembourse très bien les lunettes !
Nicolas Schmitt : Tant mieux. Je complète le formulaire tout de suite... Et voici mon RIB.
Pierre Rocher : C'est parfait ! Tout est en règle.

Leçon 2 – Page 21
2 Les vêtements
Activité 4

Femme : Ici chez Orféo, c'est plutôt décontracté. On ne s'habille pas de manière stricte.
Homme : C'est-à-dire ?
Femme : Eh bien, un pantalon, une chemise, un pull.
Homme : Le costume et la cravate ne sont pas obligatoires ?
Femme : Ah non, pas la cravate ! Mais la veste oui, pour les rendez-vous avec les clients, c'est important. Moi, je ne porte pas de tailleur, mais une jupe un peu élégante, une robe ou un beau pantalon.
Homme : Et le jean, le tee-shirt ou les baskets ?
Femme : Trop décontractés ! Pas de baskets surtout, mais des chaussures de ville.
Homme : Ma tenue aujourd'hui, ça va ?
Femme : C'est bien, mais elle est un peu stricte !

Leçon 2 – Page 21
Activité 6

1. Le directeur porte un costume gris avec une chemise blanche. Il a aussi une cravate.
2. Estelle porte un pantalon noir et un haut clair. Elle a un sac à main.
3. Étienne, le technicien informatique, porte un pull violet. Il est décontracté.

4. Marie travaille dans la mode. Elle porte un tee-shirt blanc, une veste élégante et une belle jupe bleue. Elle aussi un joli sac à main.

Leçon 3 – Page 22
1 Mon poste de travail
Activité 1

[...]

Nicolas : Est-ce que je peux installer toutes les applications sur le téléphone ?
Yvan : Ah non, seulement certaines.
Nicolas : Alors par exemple, j'ai besoin de Facebook bien sûr, mais aussi de whatsapp.
Yvan : Facebook pas de problème, mais pour Whatsapp il faut faire une demande.
Nicolas : Ah. Et c'est long ?
Yvan : Non, non, ce n'est pas long… Ah, mais le responsable est en vacances cette semaine.
Nicolas : Dommage ! Et sur l'ordinateur, qu'est-ce qu'il y a comme logiciels ?
Yvan : Vous avez la suite Microsoft avec Word, Excel, Power point. Vous avez aussi le logiciel Acrobat. Pour les autres logiciels, il faut faire une demande.

Leçon 3 – Page 22
Activité 2

1. – Où est Simon ?
– Il est en réunion avec toute l'équipe.
2. – Quand Pauline commence son nouveau travail ?
– Elle commence le 6 mars.
3. – Combien de personnes travaillent au service informatique ?
– Nous sommes nombreux. Nous sommes 18.
4. – Qui est Neila Saida ?
– C'est la nouvelle responsable de la communication.

Phonétique – Page 23

a. Quelle est votre adresse mail ?
b. Il s'occupe des téléphones.
c. C'est le service informatique.
d. Est-ce qu'il travaille chez Google ?
e. Patrick est ton nouveau collaborateur ?
f. Tu commences quand ton nouveau travail ?

Entraînement aux examens – Page 25

1. Bonjour et bienvenue. Je m'appelle Esteban Lopez et je suis informaticien.
2. Voici Adrien Malaoui, il s'occupe de la comptabilité.
3. Moi, c'est Clémentine, je suis à l'accueil et je suis en charge de la réception.
4. Bonjour, ça va ? Alors moi, je m'appelle Christiane, Christiane Kahn, et je suis la responsable des ressources humaines.

Bilan – Page 26
Activité 3

a. 06 47 13 02 21
b. 01 57 30 12 16
c. elise28@gmail.com
d. Pierre-Armand12@immobilier.fr
e. 04 23 51 60 41

Unité 3

Leçon 1 – Page 30
1 Les locaux
Activité 1

[...]

L'agent immobilier : Oui, le salon et la salle à manger sont grands. Les deux chambres sont au bout du couloir. Il y a une grande chambre. L'autre chambre est de taille moyenne. Elle est parfaite pour un enfant ou pour une chambre d'amis.
La cliente : Oui, ou pour un bureau. La salle de bains est à droite je suppose.
L'agent immobilier : Oui. Il y a une baignoire. Les toilettes sont séparées.
La cliente : C'est un bel appartement.
L'agent immobilier : Au bout du couloir, il y a les chambres et la salle de bains. Cette chambre est très grande et en face, vous avez la chambre d'enfants ou d'amis, par exemple.
La cliente : Cette pièce est parfaite pour un bureau, je travaille dans mon appartement.
L'agent immobilier : Oui, pour un bureau aussi c'est bien. Voici la salle de bains… et les toilettes sont ici.
La cliente : Très bien.

Leçon 1 – Page 31
2 Où c'est ?
Activité 3

1. Homme : Bonjour madame.
Femme : Bonjour monsieur. Je peux vous renseigner ?
Homme : Oui, j'ai rendez-vous avec Mathilde Boutier.
Femme : Mathilde Boutier est dans le bureau 406. Vous prenez l'ascenseur à gauche. C'est au 4e étage. Ensuite c'est à droite en sortant de l'ascenseur.
Homme : Je vous remercie.
2. Femme 1 : Bonjour, j'ai rendez-vous avec la direction des ressources humaines à 15 h 30. Je suis en avance. Où sont les toilettes, s'il vous plaît ?
Femme 2 : Elles sont derrière l'accueil, au fond du couloir.
Femme 1 : Merci.
3. Homme 1 : Je cherche l'open space du service communication ?
Homme 2 : Il est en face de vous.
Homme 1 : Ah ! Merci, c'est grand. Où se trouve le bureau de Tania Marin ?
Homme 2 : Il est tout au fond de l'open space.
4. Homme : Je suis nouveau dans l'entreprise. Je ne trouve pas la cantine ?
Femme : Ce n'est pas compliqué ! Elle est au premier étage à côté des bureaux du service informatique.

Leçon 2 – Page 32
1 Mon espace de travail
Activité 1

Homme : Nous, nous travaillons dans un bureau open space ou bureau paysager. Nous sommes nombreux. Nous sommes douze ! C'est beaucoup, mais moi, j'aime bien. L'ambiance est bonne. Parfois on discute mais on travaille beaucoup. C'est vrai, il y a souvent un peu de bruit et parfois c'est un peu fatigant. Mais c'est sympa ! De temps en temps, je travaille une demi-journée chez moi.
Femme : Moi, je suis toute seule dans mon bureau. Je suis contente. J'ai besoin de calme. Dans un bureau individuel il y a plus de place et moins de bruit ! J'aime bien mes collègues. Je déjeune tous les jours à la cantine avec eux, mais non, en permanence dans le même bureau, c'est pas possible.

Annexes

Leçon 2 – Page 33

2 Mon espace de travail

Activité 3

[...]

Juliette : Mais il y a juste un bureau avec une chaise ! Tu n'as pas de lit ?

Axel : Pas encore, la semaine prochaine. J'ai un matelas pour le moment.

Juliette : Et la cuisine ?

[...]

Juliette : Parfaite. Elle est bien équipée : beaucoup de rangements, une cuisinière, un four et même un lave-vaisselle ! Quel luxe !

Leçon 3 – Page 34

1 J'aime, je n'aime pas

Activité 1

1. – Merci Marc. C'est très intéressant. J'aime beaucoup ton projet.

– Moi aussi, mais je n'ai pas bien compris...

– C'est simple. Alors voilà...

2. – Enfin un peu de détente !

– Alors, tu montres les photos de ton week-end à Marseille ?

– Oui, voilà. Là, on est à la plage.

– C'est beau !

– Là, on est en bateau dans les calanques.

– J'adore !

Leçon 3 – Page 35

2 Des bonnes conditions de travail

Activité 5

[...]

Journaliste femme : Chez Google à Montréal, on trouve une salle de jeux, une salle de massage, une salle de sport avec vestiaires et douches, un studio de musique et un mur d'escalade. Nous avons demandé à son directeur général « Pourquoi ces équipements chez Google Montréal ? ».

Homme : Parce que chez Google, nous souhaitons avoir une ambiance sympa, agréable pour nos employés. Ils travaillent et ils sont contents.

Entraînement aux examens – Page 37

Dialogue 1

– Bonjour monsieur.

– Bonjour madame, j'ai rendez-vous avec monsieur Lucas.

– C'est au 3e étage. Vous sortez de l'ascenseur et c'est la première porte à droite.

– Merci. Où sont les toilettes, s'il vous plaît ?

– Au bout du couloir, à gauche.

Dialogue 2

– Sophie, pouvez-vous faire des photocopies pour la présentation de 11 h ?

– Bien sûr, je fais combien de photocopies ?

– Tous les documents en 5 exemplaires et le formulaire en 7 exemplaires, s'il vous plaît.

– Très bien, je fais ça tout de suite.

Dialogue 3

– Philippe, tu déjeunes où aujourd'hui ?

– Je mange au restaurant de l'entreprise.

– Ah super, on déjeune ensemble ?

– Oui, il y a Nathalie aussi. On mange à midi trente ?

– D'accord.

Dialogue 4

– Bonjour Pascal, vous allez bien ?

– Très bien et vous ?

– Ça va. Alors, vous lancez un nouveau produit ?

– Oui. Voilà notre tout nouveau concept...

– Ça semble intéressant.

Unité 4

Leçon 1 – Page 40

1 La date

Activité 1

a. La réunion est mardi prochain, le 16 novembre.

b. – Votre date de naissance, s'il vous plaît ?

– Le 25 mai 1985.

c. Je note le rendez-vous : jeudi 8 novembre.

d. – Le lundi 29 février ? Vous êtes sûr ?

– Oui, nous sommes en 2016. Il y a 29 jours en février.

e. Un instant, je regarde. Oui, je suis libre le vendredi 23 septembre.

Leçon 1 – Page 40

Activité 2

a. le trente juin 2017

b. le douze mai 2017

c. le premier novembre 2018

Leçon 2 – Page 42

1 L'heure

Activité 1

1. – À quelle heure est la réunion cet après-midi ?

– À quatre heures et demie.

2. – Le train arrive à quelle heure ?

– À treize heures quarante-cinq.

3. – Il est treize heures, l'heure du journal télévisé.

4. – Paula, tu manges à quelle heure aujourd'hui ?

– À midi. Tu m'accompagnes ?

5. – La pharmacie ferme à une heure et quart. Il est quelle heure ?

– Une heure dix !

Leçon 2 – Page 42

Activité 2

a. sept heures et demie

b. 10 heures moins le quart

c. 15 heures 10

d. dix-neuf heures 30.

e. deux heures moins dix

f. midi

g. minuit

Leçon 2 – Page 42

Activité 3

[...]

Je n'arrête pas car je veux partir à 18 h 30. Eh oui, j'ai deux enfants. Ils ont besoin de moi et j'aime m'occuper de mes enfants le soir. Ah, oui, il y a une exception, c'est le jeudi soir. Je dois partir à 18 heures : je vais au club de sport. Je rentre chez moi à 20 heures et on dîne en famille. J'aime beaucoup mon travail, ma femme aussi aime beaucoup son travail, mais nous voulons profiter de nos enfants !

Phonétique – Page 43

a. vendredi   **b.** C'est possible.   **c.** Il a rendez-vous ?   **d.** janvier
e. C'est bien !   **f.** le travail   **g.** je veux…   **h.** septembre

Leçon 3 – Page 44

1 Un rendez-vous professionnel
Activité 1
Dialogue 1
Femme : Allô ?
Monsieur Tarard : Bonjour madame, je suis monsieur Tarard. Je souhaite prendre rendez-vous avec madame Perrault.
Femme : C'est à quel sujet ?
Monsieur Tarard : Je dois présenter la nouvelle collection à madame Perrault.
Femme : Alors, la semaine prochaine, quels jours êtes-vous disponible ?
Monsieur Tarard : En début de semaine, lundi et mardi ?
Femme : Et vous êtes libre mercredi ?
Monsieur Tarard : Un instant, s'il vous plaît, je vérifie… Oui, mercredi matin, c'est possible.
Femme : Alors, mercredi à 11 h 30.
Monsieur Tarard : C'est parfait ! Je vous remercie.
Femme : Je vous en prie, au revoir monsieur.
Monsieur Tarard : Au revoir madame.

Dialogue 2
Homme 1 : Bonjour, monsieur Péricourt à l'appareil.
Homme 2 : Oui, bonjour monsieur.
Homme 1 : J'ai rendez-vous cet après-midi avec monsieur Courbin à 14 heures, mais j'ai un empêchement. Je suis désolé, mais je dois annuler le rendez-vous.
Homme 2 : Bien, je note.
Homme 1 : Et est-ce qu'on peut fixer un autre rendez-vous ? La semaine prochaine par exemple.
Homme 2 : Alors là, ça va être difficile… Monsieur Courbin est très occupé la semaine prochaine. La semaine suivante, il est en vacances, puis il est en déplacement. Dans un mois peut-être…

Dialogue 3
Femme : Bonjour monsieur. J'ai rendez-vous avec la responsable des ressources humaines, madame Fauvert demain matin. Pouvez-vous me confirmer l'heure de mon rendez-vous ?
Homme : Oui, bien sûr. Et vous êtes ?…
Femme : Madame Bardet.
Homme : Oui, en effet, vous avez rendez-vous avec madame Fauvert demain matin à 11 heures.
Femme : Merci monsieur. Au revoir.
Homme : Au revoir madame.

Leçon 3 – Page 45

2 Un rendez-vous médical
Activité 4
Femme : Cabinet du Docteur Vega, bonjour.
Homme : Bonjour, je souhaite un rendez-vous avec le docteur Vega, s'il vous plaît.
Femme : Très bien. Vous êtes monsieur… ?
Homme : Louis Delattre.
Femme : Avec un « t » ou deux « t » ?
Homme : Deux « t » .

Femme : Vous êtes patient du docteur ?
Homme : Oui.
Femme : Vous voulez un rendez-vous pour quel jour ?
Homme : Aujourd'hui, c'est possible ?
Femme : Aujourd'hui, le docteur est complet. Demain, il a encore de la place à 17 h 30.
Homme : Oui, à cinq heures et demie, c'est parfait.
Femme : Très bien monsieur Delattre, vous avez rendez-vous demain à dix-sept heures trente avec le docteur Vega.
Homme : Merci madame.
Femme : Au revoir, bonne journée.

Leçon 3 – Page 45

3 Organiser une réunion
Activité 7
Vincent : Bonjour Sybille. Je déjeune avec un client aujourd'hui, monsieur Marty. Réservez le restaurant pour 13 heures. Nous sommes 3.
Sybille : C'est noté Vincent.
Vincent : Ah oui et prenez rendez-vous avec le nouveau fournisseur.
Sybille : Exto Express ?
Vincent : C'est ça. Vous avez leurs coordonnées ?
Sybille : Non, je ne pense pas.
Vincent : Cherchez les coordonnées sur Internet ou demandez à Edgar.
Sybille : Très bien. Il y autre chose ?
Vincent : Non, je vous remercie. Et soyez bien à l'heure demain matin. Le nouveau directeur général arrive !

Entraînement aux examens – Page 47

1. La visite médicale est à 11 heures. Merci de confirmer votre présence.
2. N'oublie pas, à 6 heures et demie il y a le technicien informatique ; il apporte un nouvel ordinateur.
3. La réunion de secteur, c'est ce matin à dix heures pile. Soyez à l'heure !
4. Appelez sans faute notre correspondant au Pérou, à 17 heures, heure de Paris.

Bilan – Page 49

Activité 10
1. Le train arrive à 18 h 25.
2. La réunion commence à 9 h 45.
3. Mon avion décolle à 16 h 50.
4. Vous avez rendez-vous à onze heures et demie.
5. Nous prenons le petit-déjeuner à neuf heures moins le quart.

Unité 5

Leçon 1 – Page 52

1 Présenter un produit
Activité 1
1. Cette chaise de bureau est moderne et agréable. Idéale pour les longues journées de travail. Elle existe en différents coloris : vert, rouge, bleu, noir…
2. Vous êtes fatigué ? Ces jus de fruits vitaminés apportent toute l'énergie nécessaire pour votre journée de travail.
3. Mac bagages propose un vaste choix de sacoches pour ordinateurs portables. Nous proposons des sacoches pour tous les types d'ordinateurs et de tablettes, dans de nombreux coloris et des matières variées.

4. Besoin de changer de lunettes ? Optez pour ces nouvelles montures, élégantes et modernes. Une dizaine de couleurs au choix.

5. Découvrez notre nouveau modèle, une voiture moderne, élégante et compacte. Idéale pour la ville. À partir de 16 800 euros.

Leçon 1 – Page 52

3 Se renseigner sur un produit
Activité 2

[...]

Le client : Quel est le prix du 12 pouces en 256 gigas ?
Le vendeur : Il coûte 853 euros.
Le client : Ce n'est pas bon marché !

Leçon 1 – Page 53

3 Les couleurs
Activité 4

[...]

Acheteuse : Et vous avez des pantalons et des vestes ?
Créateur : Alors nous avons la ligne « Tradition ». Ce sont des vêtements classiques de couleurs sombres : noir, gris, marron. Nous avons aussi la ligne « Papillon », les coupes sont moins strictes et les couleurs sont originales. Voici une veste blanche mais avec des bordures vertes. Regardez aussi ce pantalon d'un beau bleu ou cette autre veste orange pâle.
Acheteuse : C'est une belle collection, c'est très intéressant. Mais parlons affaires. Quels sont les prix ?

Leçon 2 – Page 54

1 Donnez un prix
Activité 1

[...]

Profitez des promotions du jour. Des prix cassés sur tout le magasin. À partir de maintenant et jusqu'à 16 heures, 15 % de remise supplémentaire sur le petit électroménager. Par exemple, la cafetière *Nespresso* est à 44,90 euros, le robot multifonctions *Magimix* est à 180 euros.
Et au rayon des télévisions et des home cinéma, des prix incroyables ! Un écran *Samsung* de 125 cm à 500 euros, un home cinéma de la marque *Bose* à partir de 2 900 euros !

Leçon 2 – Page 54

Activité 2

[...]

La vendeuse : Très bien, voici les différentes offres.
Le client : Oui ?
La vendeuse : Nous avons plusieurs offres pour les professionnels. Mais la formule « Grand voyageur » est parfaite pour vous. Les appels et les SMS sont illimités en France et à l'international. Vous avez la 4G avec 25 Go de data en France et en Europe.
Le client : Ça semble bien. Combien ça coûte ?
La vendeuse : 70 euros HT par mois avec un engagement de 24 mois. Ce qui fait un total de 84 euros TTC par mois.
Le client : Ah… Je ne souhaite pas d'engagement. Je préfère être libre !
La vendeuse : Ce forfait n'est pas disponible sans engagement.
Le client : C'est vraiment dommage. Il est intéressant…
La vendeuse : Ce forfait a beaucoup d'avantages. Par exemple, vous payez votre téléphone presque 100 euros de moins.
Le client : Mais je souhaite un nouveau forfait, pas un nouveau téléphone !

Leçon 3 – Page 56

1 Communiquer sur un produit
Activité 2

Assurance auto, assurance habitation, assurance santé ? ASSUR+ s'occupe de tout. Prenez contact en ligne avec un conseiller et demandez un devis personnalisé.
Pour une assurance sur mesure, toujours à l'écoute de vos besoins, optez pour ASSUR+ !

Leçon 3 – Page 56

2 Les réseaux sociaux
Activité 4

[...]

Le journaliste : Donc les entreprises doivent avoir une page Facebook.
Pierre Jouan : Eh oui, avec Facebook, l'entreprise est visible. L'entreprise partage des informations avec le public. Elle propose des offres promotionnelles par exemple, elle annonce des opérations commerciales, elle vend directement ses produits.
Le journaliste : Quel est le coût ?
Pierre Jouan : C'est là l'intérêt, ce n'est pas cher. On touche un maximum de personnes avec un minimum d'investissement !
Le journaliste : Quels conseils est-ce que vous pouvez donner ?
Pierre Jouan : Vous devez poster du contenu de qualité, des photos, des vidéos et aussi des astuces, par exemple. Vous devez échanger avec les fans et les fans aiment les réponses aux commentaires… La page doit bien être à jour.

Entraînement aux examens – Page 59

1. Cet objet permet de travailler dans l'avion, dans le train ou au bureau. Il est petit, léger et a une autonomie de 12 heures avec sa batterie nouvelle génération. Vous pouvez préparer vos présentations aux clients et montrer vos nouveaux produits depuis son écran retina.
2. Cette boisson sans alcool et sans sucre ajouté permet de faire le plein de vitamines au petit-déjeuner. Ce jus de fruits est bio et très bon marché. Il offre quatre purs jus : orange, pomme, ananas et abricot et trois nectars : orange, pêche et multifruits.
3. Ce vêtement de la nouvelle collection printemps-été donne un style formel pour vos rendez-vous d'affaires. L'ensemble jupe-veste ou pantalon-veste est idéal avec un chemisier blanc et des chaussures à talons.
4. Cet appareil électroménager est idéal pour vos petits-déjeuners. Un bon café avant de partir au travail et vous serez en forme toute la journée. Faire du café avec cette machine est rapide, simple et pratique. Et en ce moment 15 % de réduction pour la fête des pères.

Unité 6

Leçon 1 – Page 62

1 À l'hôtel
Activité 1

[...]

Femme : Voilà les clés. Monsieur Goldman, chambre 325 et monsieur Brunet, chambre 342. Les chambres sont au troisième étage. L'ascenseur se trouve sur votre droite. La salle pour le petit-déjeuner est à gauche.

Thomas Brunet : Il y a le wifi dans les chambres ?
Femme : Bien sûr. La connexion est gratuite. Je vous donne le code.
Thomas Brunet : Merci bien.
Femme : Je vous en prie. Bonne soirée messieurs.

Leçon 1 – Page 63
2 Je fais une réservation
Activité 4
Femme : Hôtel de la Plage, bonjour.
Client : Bonjour, je voudrais réserver une chambre pour deux personnes pour le week-end du 14 juillet.
Femme : Oui, pour combien de nuit ?
Client : Pour une nuit, du 14 au 15.
Femme : Alors à cette date, il reste une seule chambre double, avec douche.
Client : Ah, il n'y a pas de baignoire... Il y a un balcon, et la vue sur la mer ?
Femme : Non, je suis désolée, il n'y a pas de balcon et cette chambre n'a pas la vue sur la mer. Mais elle est très confortable, vous savez.
Client : J'hésite... Je choisis la... Non, je réfléchis et je rappelle.
Femme : Mais ne réfléchissez pas trop longtemps !

Leçon 1 – Page 63
Activité 5
[...]
Femme : Ah, d'accord.
Homme : Alors une chambre simple avec le petit-déjeuner pour deux nuits, plus un repas du soir. Au total, 164 euros. Vous payez comment ? Par chèque, en espèces ou par carte ?
Femme : Avec ma carte de paiement.
Homme : Voilà votre reçu. Au revoir madame.
Femme : Au revoir monsieur.

Leçon 2 – Page 64
1 Prendre le taxi
Activité 1
Dialogue 1
Femme : Taxis 24 heures j'écoute !
Homme : Allô ? Bonjour. Je voudrais réserver un taxi.
Femme : À quelle adresse ?
Homme : 6, rue du Général Foch.
Femme : Le code de votre réservation est 225XP. Le taxi arrive dans 10 minutes. C'est une Renault Scenic grise.
Homme : 225XP. Merci, au revoir.
Femme : Au revoir monsieur. Merci d'utiliser notre service.

Dialogue 2
Homme : Bonjour, je vais à l'aéroport, s'il vous plaît.
Chauffeur taxi : Très bien monsieur. Vous avez beaucoup de bagages !
Homme : Oui, deux valises et un sac.
Chauffeur taxi : Donnez, je place vos bagages dans le coffre.
[...]
Homme : Je vous dois combien ?
Chauffeur taxi : 35 euros, s'il vous plaît.
Homme : Vous acceptez la carte ?
Chauffeur taxi : Bien sûr.
Homme : Et je peux avoir une facture ?
Chauffeur taxi : Voilà monsieur. Bon voyage.

Leçon 2 – Page 65
2 Demander son chemin
Activité 4
Vous êtes place Louis Christol. À 50 mètres, tournez à droite sur la rue de la Paix. À 200 mètres, tournez à gauche, rue de la Libération. Avancez 300 mètres et tournez à droite, rue Puits de Ricard. À 50 mètres, tournez à droite rue Marc Antoine Ménard. À 100 mètres, tournez à droite. Continuez sur 500 mètres. Vous êtes arrivé à votre destination.

Leçon 2 – Page 65
Activité 5
Dialogue 1
Femme 1 : Excusez-moi, je cherche le parc des Expositions.
Femme 2 : Ce n'est pas très loin, moins de 10 minutes à pied. Alors vous prenez cette grande avenue, l'avenue de la Libération, sur la gauche. Vous continuez jusqu'au rond-point. Là, vous prenez la rue Voltaire à droite. Puis vous tournez dans la première rue à gauche, rue Pasteur. Et vous verrez le parc des Expositions sur votre droite.
Femme 1 : Merci beaucoup.

Dialogue 2
Homme : Pardon madame, je vais place Denfert-Rochereau. C'est loin d'ici ?
Femme : Ce n'est pas tout prêt. Mais vous êtes à vélo, donc pas de problème. Vous y êtes en 10 minutes.
Homme : Et c'est compliqué ?
Femme : Pas du tout. Vous prenez ce boulevard, toujours tout droit, jusqu'à la place Denfert-Rochereau.

Dialogue 3
Femme : J'ai rendez-vous à la Chambre de Commerce de Paris. Comment je fais pour aller là-bas ?
Homme : Eh bien vous pouvez aller à la Chambre de Commerce en métro ou en bus.
Femme : Je préfère prendre le métro. C'est plus sûr : il n'y a pas d'encombrement.
Homme : Alors, c'est simple. D'ici, vous prenez la ligne 7 en direction de La Courneuve jusqu'à la station Opéra. Vous changez à Opéra. Vous prenez la ligne 3 direction Pont de Levallois jusqu'à Porte de Champerret.

Leçon 2 – Page 65
Activité 7
Dialogue 1
Femme 1 : Bonjour madame Dulac. Où allez-vous ?
Madame Dulac : Je vais à Rome, en Italie.
Femme 1 : L'avion décolle à quatorze heures dix-huit.

Dialogue 2
Homme 1 : Monsieur Pradel travaille ici ?
Homme 2 : Non, il travaille à notre siège de Copenhague, au Danemark.

Dialogue 3
Homme : Cette semaine je vais à Amsterdam, aux Pays-Bas, pour la foire agricole. Et toi Alba ?
Femme : Moi, je vais au Mexique, au salon international de l'alimentation, à Monterrey.

Leçon 3 – Page 66

1 Une invitation

Activité 1

[...]

Femme 1 : Excusez-moi, vous êtes bien Brice Rainaut ?

Homme 1 : Oui, c'est moi-même.

Femme 1 : Je suis Ophélie Viart. On est souvent en relation par mail.

Homme 1 : Mais oui, enchanté. Je suis ravi de faire enfin votre connaissance. Vous venez de Toulouse ?

Femme 1 : Oui, je travaille à l'antenne de Toulouse. Et je ne viens jamais à Paris d'habitude. C'est donc une excellente occasion. Je rencontre enfin mes collègues de toute la France et je profite de Paris. Vous habitez à Paris, Brice ?

Homme 1 : Presque. Je viens de Sceaux. C'est en banlieue. Ce n'est pas loin. J'ai 35 minutes de trajet matin et soir par les transports en commun.

Femme 1 : C'est bien. Moi, j'ai deux heures de route par jour, en voiture. C'est stressant ! Mais j'ai une grande maison avec un jardin.

Homme 1 : Quelle chance !

Homme 2 : Vous voulez un autre verre ?

Leçon 3 – Page 67

2 En déplacement

Activité 3

[...]

Mathieu : Et vous dirigez notre filiale de Bruxelles depuis longtemps ?

Nicolas : Presque cinq ans.

Mathieu : Vous appréciez la vie à Bruxelles ?

Nicolas : Oui, maintenant j'aime beaucoup Bruxelles. C'est une ville agréable et cosmopolite.

Mathieu : Votre femme et vos enfants aussi sont contents ?

Nicolas : Oui, ils se sont bien adaptés, même au climat !

Entraînement aux examens – Page 69

Dialogue 1

– Bonjour, je voudrais réserver un taxi.

– Très bien. À quelle adresse, s'il vous plaît ?

– 3 rue du marché, à Montpellier.

– Veuillez noter votre code de réservation, c'est R2387.

– C'est quel modèle de voiture ?

– C'est une Peugeot blanche. Le taxi arrive dans 15 minutes.

– Très bien, merci.

Dialogue 2

– Bonjour, je voudrais un ticket de métro, s'il vous plaît.

– Tenez, c'est 1,90 €.

– Voilà. Pour aller à l'aéroport de Roissy ?

– Oui, c'est facile. Vous descendez à la station Opéra, c'est 3 stations. Et là, vous pouvez prendre un bus qui va directement à l'aéroport de Roissy.

– Ah, très bien et combien coûte le trajet ?

– Le ticket coûte 11,50 €.

– Merci madame.

– De rien, au revoir.

Dialogue 3

– Pardon monsieur, je voudrais aller à la Gare du Nord.

– Oui, vous pouvez prendre un bus ou le métro.

– On peut aller à la gare en transport en commun ?

– Vous avez un bus direct. Il part d'ici, de Nation, et il arrive à la Gare du Nord. Et pour le métro, vous pouvez prendre la ligne 2, c'est direct.

– Je prends le bus, c'est plus agréable et j'ai le temps. Merci beaucoup monsieur !

– De rien, madame.

Bilan – Page 70

Activité 2

– Bonjour madame, je peux vous aider ?

– Oui, je voudrais des fruits et légumes pour mon restaurant.

– Très bien, qu'est-ce que vous voulez ?

– Alors, je prends des oranges ?

– Combien de kilos ?

– 10 kilos d'oranges. Et un peu de citrons aussi, 3 kilos.

– Très bien. Nous avons aussi les fraises en promotion. C'est seulement 2, 90 € le kilo.

– Ah… parfait, alors mettez 3 kilos de fraises. Elles sont bonnes ?

– Bien sûr, elles sont très sucrées, goûtez.

– Ah, je voudrais aussi 2 kilos de brocolis et 4 kilos de haricots verts.

– D'accord et des pommes de terre ? Elles sont en promotion cette semaine, 3, 50 € le kilo.

– Ah oui ? Dans ce cas, je prends 5 kilos de pommes de terre. Quel est le prix total ?

– Les oranges, 10 kilos à 2,50 € le kilo et 3 kilos de citrons à 4 € le kilo. Ensuite, les fraises, 8,70 €. Et pour les légumes, 2 kilos de brocolis, ça fait 4 €, 4 kilos de haricots verts, 6 € et enfin les pommes de terre 17,50 €. Ça nous fait un total de 73 € et 20 centimes.

– Tenez.

– Merci beaucoup.

Bilan – Page 71

Activité 10

Vous êtes à la gare. Allez à droite puis prenez la 2ᵉ rue à gauche. Continuez tout droit, passez la place puis tournez à droite et prenez la deuxième rue : l'avenue Amiral Réveillère. Continuez tout droit sur 200 m, tournez à droite et prenez la rue de Lyon. Continuez sur 100 mètres puis tournez à gauche et prenez la rue du château. Continuez tout droit et prenez la 4ᵉ rue à droite, la rue Traverse. Continuez sur 50 m. Vous êtes arrivé à votre destination.

Bilan – Page 71

Activité 11

Dialogue 1

– Bonjour monsieur.

– Bonjour madame, vous allez où ?

– À l'hôtel Beauregard, rue de la Marne, s'il vous plaît.

Dialogue 2

– Bonsoir madame, j'ai une réservation pour une nuit au nom de la société ARIVALO, je suis madame DURAND.

– Très bien, c'est la chambre 468, au 4ᵉ étage. L'ascenseur est sur votre gauche.

Dialogue 3

– Excusez-moi madame, le vol pour Bruxelles de 14 h 53, c'est quelle porte d'embarquement ?

– Porte 37, à droite, après la sécurité. Mais dépêchez-vous.

Unité 7

Leçon 1 – Page 74

1 Au quotidien
Activité 1

Anaïs : Aurélie, s'il vous plaît, vous pouvez faire des photocopies du document 1.
Aurélie : Oui Anaïs, en combien d'exemplaires ?
Anaïs : 12 photocopies noir et blanc, recto-verso.
Aurélie : Très bien.
Anaïs : Et j'ai besoin de 15 exemplaires du document 2, en couleur cette fois et sur une face seulement.
Aurélie : C'est noté. Vous en avez besoin quand ?
Anaïs : Aujourd'hui à 14 h 30. Merci Aurélie.
Aurélie : Bien, je récapitule…

Leçon 1 – Page 75

2 J'accueille un client
Activité 5

Madame Larcher : Bonjour monsieur Motta. Je suis ravie de faire votre connaissance.
Monsieur Motta : Moi aussi. Enchanté, madame Larcher.
Madame Larcher : Vous voulez un café, un thé… ?
Monsieur Motta : Oui, un café s'il vous plaît.
Madame Larcher : Long, court, avec ou sans sucre ?
Monsieur Motta : Court et sans sucre, bien fort ! Je suis italien.
Madame Larcher : Voici notre nouvelle gamme de produits pour hommes. Ce sont des cosmétiques révolutionnaires…
Monsieur Motta : Je ne comprends pas. Vous parlez vite. Vous pouvez répétez, s'il vous plaît ?
Madame Larcher : Oh, je suis désolée. Veuillez m'excuser monsieur Motta. Je reprends. Voici notre nouvelle gamme de produits pour hommes. Ce sont des cosmétiques révolutionnaires. Ce sont des produits bio.
Monsieur Motta : C'est très intéressant des produits bio ! Il y a un vrai marché des cosmétiques bio.
Madame Larcher : Oui, nous respectons la nature et l'homme. Pour nous, c'est essentiel. Et même le packaging est écologique, par exemple nous n'utilisons pas de plastique.
Monsieur Motta : Et le packaging est élégant. Les tests en laboratoire sont déjà faits, n'est-ce pas ?
Madame Larcher : Oui…

Leçon 2 – Page 76

2 Rédiger une note de service
Activité 3
[…]

Émilie : La réunion est à quelle heure ?
Femme : À 10 heures, dans la salle de réunion du 2ᵉ étage, la salle 210. La présence de toute l'équipe est obligatoire.
Émilie : C'est une note pour le tableau d'affichage ou j'écris un mail.
Femme : Les deux et faites un mail avec un accusé-réception.
Émilie : Je fais ça de suite.
Femme : Ensuite, allez dans la salle de réunion, s'il vous plaît. Tout doit être en ordre, vous pouvez vérifier ?

Phonétique – Page 77

a. Vous avez fini ? – **b.** Désolé – **c.** L'adresse – **d.** Un emballage –
e. Conjuguer – **f.** Chaleureux – **g.** Merci – **h.** Un document – **i.** Deux secondes

Leçon 3 – Page 78

1 Nous parlons chiffres
Activité 1

Je vous présente les chiffres de la société BâtiCo. Notre société réalise tous types de travaux de bâtiment. Nous sommes présents dans 24 départements en France. Aujourd'hui, nous employons 75 personnes et nous réalisons un chiffre d'affaires annuel de 10 601 618 euros. Cette année, nous prévoyons :
– la construction d'une maison de retraite pour un budget de 8 550 000 € ;
– 54 logements pour 4 700 000 € ;
– 62 maisons individuelles pour un budget de 3 950 000 € ;
– la réhabilitation d'un lycée professionnel estimée à 572 000 €.

Leçon 3 – Page 78

Activité 3

Femme : Je viens de voir vos annonces sur Internet. Deux annonces m'intéressent.
Homme : Oui, quelles annonces ? Vous avez les références ?
Femme : Oui, la référence de la première annonce est 1525 et l'autre est l'annonce 2772.
Homme : Ah oui, ce sont deux nouveaux biens. Ils viennent de rentrer. Vous avez de la chance.
Femme : Le premier est en centre-ville. Pour moi, c'est important. Mais il est cher, 439 000 euros…
Homme : Oui, mais il est en parfait état. Il vient d'être rénové. Sinon il y a l'autre local. Il est à 258 000 euros.
Femme : Mais il est à côté du périphérique… Il est en bon état ?
Homme : Ah non, vous devez prévoir des travaux.
Femme : Je viens de faire les calculs avec mon banquier. Je dispose de 120 000 euros pour le moment. Mon budget maximum est de 350 000 euros. Je peux donc emprunter 230 000 euros. Pour le premier bien, ce n'est pas suffisant. Il faut 320 000 euros de crédit. Pour l'autre bien, tout dépend du montant des travaux.

Leçon 3 – Page 79

2 Le e-commerce
Activité 5
[…]

Henri Kuhn : Très bien. Surtout dans certains secteurs comme la mode. L'habillement est en tête des ventes sur Internet.
Journaliste : Est-ce qu'il y a des secteurs en baisse ?
Henri Kuhn : Oui, la vente de produits techniques est en forte baisse sur Internet. Elle est aujourd'hui de 28 % contre 48 % en 2010.
Journaliste : Et qui sont les gros vendeurs sur Internet ?
Henri Kuhn : Eh bien, Amazon augmente son trafic avec 19,4 millions de visiteurs par mois. C'est le premier vendeur en ligne.
Journaliste : Qui trouve-t-on parmi les principaux vendeurs en ligne ?
Henri Kuhn : Derrière Amazon, on trouve CDiscount et la FNAC. À signaler la baisse du nombre de visiteurs sur le site de la SNCF : on passe de 8 millions de visiteurs par mois en 2005 à 5,8 en 2015.
Journaliste : Merci beaucoup Henri pour ce panorama de l'e-commerce en France.

Entraînement aux examens – Page 81

– Excusez-moi Léo, vous avez du temps ? J'ai besoin de vous.
– Bien sûr. Qu'est-ce que je peux faire pour vous ?
– J'ai une réunion importante dans une heure et j'ai besoin des chiffres du trimestre. Vous pouvez imprimer ces chiffres ?
– Pas de problème.
– Vous pouvez aussi faire 10 photocopies de ce document ?

– Des photocopies simples ?
– Non, recto-verso et en couleur, s'il vous plaît.
– Très bien.
– Encore une chose, c'est très urgent. Appelez le directeur commercial et annulez notre rendez-vous de 11 heures.
– D'accord. C'est tout ?
– Pardon, dernière chose : réservez une salle pour la réunion. De 10 heures à midi.
– Parfait. C'est noté. Je m'occupe de ça.
– Merci Léo.

Unité 8

Leçon 1 – Page 84

1 Le team building
Activité 1
Le journaliste : Nous sommes aujourd'hui avec Madame Beaulieu, responsable des ressources humaines dans une entreprise d'aéronautique. Madame Beaulieu, qu'est-ce que le team building ?
Madame Beaulieu : Le team building est une expression anglaise. Elle signifie « construction d'équipe ».
Le journaliste : Et, en pratique, dans les entreprises, qu'est-ce que c'est ?
Madame Beaulieu : Les entreprises organisent des activités. Les collègues se rencontrent dans un contexte différent du contexte professionnel. Ils pratiquent des activités originales et ils se découvrent.
Le journaliste : À quoi ça sert ?
Madame Beaulieu : Cela renforce la cohésion, le travail de groupe. Et puis, cela peut aussi servir à gérer des situations de stress, des conflits ou des tensions. Et on redonne confiance aux salariés. On remotive tout le monde.

Leçon 1 – Page 85

2 Les activités
Activité 5
[...]
Intervieweuse : Pardon monsieur. Et vous, que pensez-vous du team-building ?
Homme 2 : Moi ? Je travaille chez Grapho depuis 20 ans. Je connais très bien mes collègues. Alors vraiment cette journée de team building, c'est une perte de temps. Et c'est aussi une perte d'argent pour l'entreprise ! Ces activités sont ridicules, et ça coûte cher !

Leçon 2 – Page 86

1 Les repas entre collègues
Activité 1
[...]
Aline : Moi, je préfère un steack frites. Pour changer... !
Femme : Et moi une blanquette avec du riz. Et pour le dessert, un yaourt et un fruit.
Aline : Ah, cette assiette avec le gâteau au chocolat... Non, je choisis de l'ananas.
Homme : Là-bas, il y a une grande table libre.
Aline : Parfait. Je vais remplir la carafe d'eau.

Leçon 2 – Page 86

Activité 3

Le serveur : Je peux prendre votre commande ?
Homme : Oui. Nous allons prendre deux formules entrée, plat et dessert et une formule plat-dessert.
Le serveur : Parfait. Alors en entrée ?
Homme : Moi je vais prendre une soupe à l'oignon.
Femme 1 : Qu'est-ce qu'il y a comme crudités ?
Le serveur : Vous avez des tomates, des carottes, du concombre, de la salade.
Femme 1 : Bon, je vais plutôt prendre une terrine de campagne.
Le serveur : Et en plat ?
Femme 1 : Je prends le saumon à l'oseille.
Homme : Et moi, le steack sauce au poivre.
Le serveur : Quelle cuisson ?
Homme : Saignant.
Le serveur : C'est noté. Et pour madame ?
Femme 2 : Et pour moi, le poulet rôti.
Le serveur : Vous voulez commander les desserts maintenant ?
Homme : Oui, alors je choisis la mousse au chocolat.
Femme 1 : Et moi, la tarte aux pommes.
Femme 2 : Moi aussi je vais prendre une mousse au chocolat.
Le serveur : Alors deux mousses et une tarte. Et pour boire ?
Femme 2 : Une bouteille d'eau gazeuse.
Homme : Et du vin rouge. Un instant, je regarde la carte des vins... Nous allons prendre une bouteille de vin rouge.

Leçon 2 – Page 87

2 Le petit-déjeuner de travail
Activité 5
[...]
Femme : Bien, je commande du café, du thé, du jus d'orange et des mini-viennoiseries, croissants, pains au chocolat, pains aux raisins.
Homme : C'est parfait. Avec ce petit-déjeuner, nous allons bien commencer la journée.
Femme : Nos partenaires vont apprécier !

Leçon 2 – Page 87

Activité 6
Journaliste : Bonjour, je fais une enquête. Qu'est-ce que vous prenez au petit-déjeuner ?
Femme 1 : Je bois du thé, un grand bol. Je mange des tartines avec de la confiture.
Journaliste : Et vous monsieur ?
Homme : Oh, moi, je suis toujours en retard. Je bois un café avant de partir au travail. Arrivé au bureau, je prends un autre café et je mange un pain au chocolat ou un croissant.
Journaliste : Merci. Madame, qu'est-ce que vous prenez au petit-déjeuner ?
Femme 2 : Le petit-déjeuner, c'est très important. Je bois un jus d'oranges et du thé. Je mange un yaourt et des tartines. Je mange aussi des fruits. Et je suis en forme pour la journée !

Leçon 3 – Page 88

1 L'arrêt de travail
Activité 1
[...]
Mathieu : Tu as un arrêt de travail ?
Marc : Oui, un mois ! Mais je vais travailler de chez moi. Ce matin, j'ai un rendez-vous avec Selma Dutour, mais je n'ai pas ses coordonnées. Tu peux annuler le rendez-vous ?
Mathieu : Pas de problème. Tu as besoin d'autre chose ?
Marc : Tout est sur mon ordinateur. J'ai un accès à distance. Et puis je vais

faire des points de manière régulière avec l'équipe, par Skype.
Mathieu : Super. Mais tu te reposes hein ?
Marc : Bien sûr !

Leçon 3 – Page 89

2 La visite médicale
Activité 5
[...]
Le médecin : Vous faites du sport ?
Monsieur Texier : Oui, je fais du tennis une fois par semaine et de la natation.
Le médecin : C'est très bien. Vous fumez ?
Monsieur Texier : Non.
Le médecin : Parfait. Vous consommez de l'alcool ?
Monsieur Texier : Non.
Le médecin : Et vous prenez des médicaments en ce moment ?
Monsieur Texier : Non.
Le médecin : Eh bien, c'est parfait. Vous pouvez monter sur la balance ? ... 76 kilos. Et maintenant je vais prendre votre tension. C'est très bien également. Et le travail, ça va bien ?
Monsieur Texier : Oui, mais il y a beaucoup de travail. Les journées sont longues.
Le médecin : Ah bon ? Quels sont vos horaires ?
Monsieur Texier : Le matin, j'arrive à 9 heures. Et le soir, je pars à 19 heures-19 h 30.
Le médecin : Ah oui, ce sont de grosses journées.
Monsieur Texier : Je n'ai pas le choix, il y a beaucoup de travail. Heureusement, j'aime mon travail !

Leçon 3 – Page 89

Activité 6
Le médecin : Bonjour madame Chabert, qu'est-ce qui se passe ?
Madame Chabert : J'ai mal à la gorge et je tousse.
Le médecin : Vous avez de la fièvre ?
Madame Chabert : Oui, j'ai 38,5.
Le médecin : Et vous avez mal ailleurs ?
Madame Chabert : J'ai un peu mal à la tête. Et je suis enrhumée aussi.
Le médecin : Hmm, hmm. Je vais regarder. Ouvrez la bouche. Bien. Je regarde vos oreilles. Elles sont parfaites. Vous avez la grippe madame Chabert !
Madame Chabert : Ah, non. Je pars en vacances samedi !
Le médecin : Eh bien d'ici là, vous vous reposez. Vous buvez beaucoup d'eau. Vous prenez de l'aspirine ou du paracétamol pour la fièvre et du sirop pour la toux. Je vous fais une ordonnance. Et dimanche, vous allez être sur pied pour les vacances !
Madame Chabert : Merci beaucoup docteur.

Entraînement aux examens – Page 91

Journaliste : Bonjour. Vous êtes ici pourquoi ?
Femme : Notre entreprise organise une journée de team building. Nous passons toute la journée ensemble et nous choisissons des activités pour favoriser la cohésion d'équipe, motiver les collègues. On voit les chefs d'une façon différente, il n'y a pas de hiérarchie pendant les journées de team building.
Journaliste : Et quelles activités vous allez faire ?
Femme : Moi, je vais faire du karting ce matin et cet après-midi, je vais participer à l'atelier cuisine avec mes deux collègues du département marketing.
Journaliste : Et vous, monsieur ? Que pensez-vous du team building ? Quelles activités vous allez faire ?
Homme : Ah... C'est super sympa de réunir tout le monde en dehors de nos locaux. L'ambiance est bonne et on connaît plus nos collègues. Les personnes sont détendues, on s'amuse. C'est très bien et important d'organiser des journées de team building. Ce matin, je vais faire l'escape game avec des collègues, c'est parfait pour la gestion du stress, et cet après-midi je participe à l'atelier théâtre-impro. Ça va être drôle.

Bilan – Page 92

Activité 1
– Laure, pouvez-vous m'aider, s'il vous plaît ?
– Bien sûr, qu'est-ce que je peux faire ?
– Pouvez-vous écrire un mail au directeur ? Je suis à l'extérieur toute la semaine prochaine.
– Très bien. Autre chose ?
– Oui, confirmez mon billet d'avion pour lundi, et imprimez mon billet électronique.
– Entendu.
– Téléphonez aussi à notre filiale des Pays-Bas. J'arrive lundi à 12 h 50.
– Pas de problème.
– Autre chose : j'ai besoin de 12 photocopies de ce document. En noir et blanc, et recto-verso, s'il vous plaît.
– D'accord.
– Et pour terminer : pouvez-vous préparer des dépliants publicitaires pour mon déplacement ?
– Bien sûr, combien ?
– Oh, euh... 50, c'est bien. C'est pour les collègues hollandais. Merci Laure.
– Je vous en prie.

Bilan – Page 93

Activité 11
– Bonjour monsieur. Qu'est-ce que je peux vous servir aujourd'hui ?
– Euh... je ne sais pas... Qu'est-ce que vous me recommandez ?
– Eh bien au menu aujourd'hui, vous avez comme entrée de la salade de concombre ou une assiette de crudités ou de la soupe.
– Mmmm, je vais prendre la soupe, s'il vous plaît.
– Et comme plat principal, nous avons aujourd'hui du poulet rôti, le poisson du jour ou des spaghettis bolognaise.
– Je vais prendre du poisson. Qu'est-ce que vous avez comme accompagnement ?
– Vous pouvez prendre du riz, des frites, des champignons ou des haricots verts.
– Alors... des haricots verts, s'il vous plaît.
– Ah, non, excusez-moi, il n'y a pas de haricots verts aujourd'hui.
– Ce n'est pas grave, dans ce cas, je prends du riz.
– Et comme dessert ?
– Qu'est-ce que vous avez ?
– De la tarte aux fraises, du gâteau au chocolat, un fruit de saison ou un flan maison.
– Un fruit. Vous avez des oranges ?
– Bien sûr, monsieur. Une orange. Et comme boisson, qu'est-ce que vous préférez, de l'eau, du vin... ?
– Un verre de vin, s'il vous plaît.

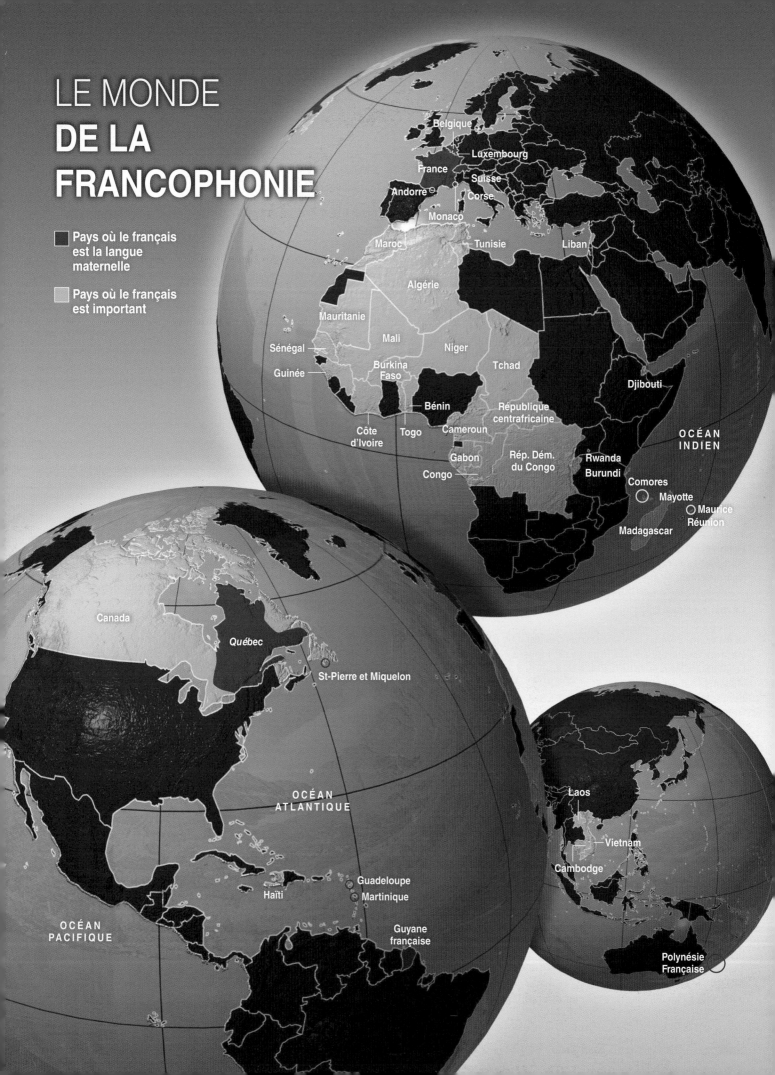

LE MONDE
DE LA
FRANCOPHONIE

Pays où le français
est la langue
maternelle

Pays où le français
est important

Belgique
Luxembourg
France
Suisse
Andorre
Corse
Monaco
Maroc
Tunisie
Liban
Algérie
Mauritanie
Mali
Niger
Sénégal
Guinée
Burkina Faso
Tchad
Djibouti
Bénin
République centrafricaine
Côte d'Ivoire
Togo
Cameroun
OCÉAN INDIEN
Gabon
Rép. Dém. du Congo
Rwanda
Burundi
Congo
Comores
Mayotte
Maurice
Réunion
Madagascar

Canada
Québec
St-Pierre et Miquelon
OCÉAN ATLANTIQUE
Laos
Vietnam
Cambodge
Guadeloupe
Haïti
Martinique
OCÉAN PACIFIQUE
Guyane française
Polynésie Française

LA FRANCE

O N **E**
S

ROYAUME-UNI

MER
DU NORD

• Cardiff *Tamise* • Londres

• Southampton

Pas de Calais

MANCHE

PAYS-BAS
• Amsterdam

ALLEMAGNE

Lille • • Bruxelles

BELGIQUE • Cologne

Liège •

LUXEMBOURG

• Cherbourg

Îles Anglo-
Normandes

NORMANDIE

• Rouen

Seine

Ardennes

• Reims

• Paris

ÎLE-DE-FRANCE

Francfort

Mont-Saint-Michel

Brest •

BRETAGNE

• Rennes

• Vannes

VOSGES
Strasbourg

• Stuttgart

Belle-Île

Île de
Noirmoutier

• Orléans

Loire

• Nantes • Tours

▲ Ballon de
Guebwiller
1424 m

Rhin

Île d'Yeu

• Dijon

Morvan

Île de Ré • La Rochelle • Poitiers

JURA

Zurich •

Île d'Oléron

• Berne

SUISSE

*Crêt de
la Neige
1718* ▲

• Genève

OCÉAN

ATLANTIQUE

• Limoges AUVERGNE • Lyon

▲

*Puy de Sancy
1886 m*

Mont Blanc
4807m ▲

Vercors

• Bordeaux

Garonne

MASSIF

CENTRAL

• Grenoble

• Milan

AQUITAINE

ITALIE

• Turin

Rhône

• Gênes

Bilbao •

PYRÉNÉES

Cévennes

• Toulouse

• Montpellier

LANGUEDOC-
ROUSSILLON

Camargue PROVENCE

MONACO

ESPAGNE

▲

*Pic d'Aneto
3404 m* ANDORRE

MER

MÉDITERRANÉE

• Marseille

*Estérel
Maures*

Îles d' Hyères

Saragosse •

GUADELOUPE

Pointe-
à-Pitre

MARTINIQUE

Fort-de-
France

LA RÉUNION

St- Denis

GUYANE

Cayenne

ST-PIERRE-ET-MIQUELON

Miquelon

St-Pierre

MAYOTTE

Dzaoudzi

NOUVELLE-CALÉDONIE

Nouméa

POLYNÉSIE

Mooréa
Papeete

Tahiti

WALLIS ET FUTUNA

Wallis

Uvéa

Futuna

*Monte
Cinto
2710 m* ▲

Corse

• Ajaccio

Le DVD-Rom

Ce disque est un DVD-Rom qui contient les ressources vidéo et audio de votre méthode (livre de l'élève et cahier d'activités).

Vous pouvez l'utiliser :

• Sur votre ordinateur (PC ou MAC)
– Pour visionner la vidéo
– Pour écouter l'audio
– Pour extraire l'audio et le charger sur votre lecteur mp3
– Pour convertir les fichiers mp3 en fichier audio Windows Media Player (PC) ou AAC (MAC) et les graver sur un CD-audio à usage strictement personnel.

• Sur votre lecteur DVD compatible DVD-Rom
– Pour visionner la vidéo
– Pour écouter l'audio

Mode d'emploi et contenu du DVD-Rom

Pour afficher le contenu du DVD-Rom, il est nécessaire d'explorer le DVD à partir de l'icône DVD *Quartier d'affaires A1*. Après insertion du DVD-Rom dans votre ordinateur, celle-ci s'affiche dans le poste de travail (PC) ou sur le bureau (MAC).
– Sur PC : effectuez un clic droit sur l'icône du DVD et sélectionnez « Explorer » dans le menu contextuel.
– Sur MAC : cliquez sur l'icône du DVD.
Dans le cas où la lecture des fichiers vidéo ou audio démarre automatiquement sur votre machine, fermez la fenêtre de lecture puis procédez à l'opération décrite ci-dessus.
Le contenu du DVD-Rom est organisé de la manière suivante :
– un dossier AUDIO
– un dossier VIDEO

• L'audio
Double-cliquez ou cliquez sur le dossier AUDIO, vous accédez alors à deux sous-dossiers :
– Livre de l'élève
– Cahier d'exercices
Double-cliquez ou cliquez sur le sous-dossier correspondant aux contenus audio que vous souhaitez consulter.
Afin de vous permettre d'identifier rapidement l'élément audio qui vous intéresse, les fichiers audio ont été nommés en faisant référence à l'unité, à la leçon à laquelle le contenu audio se rapporte.
Les noms de fichier font également référence au numéro de page auxquels ils se rapportent.
Exemple : UNITÉ 3_LEÇON3_Activité 1 → Ce fichier correspond à l'enregistrement de l'activité 1 qui se trouve dans la leçon 3 de l'unité 3 du livre de l'élève.

• La vidéo
Double-cliquez ou cliquez sur le dossier VIDEO. Vous accédez alors à deux sous-dossiers :
– Vidéo VO
– Vidéo VOST
Double-cliquez ou cliquez sur le dossier correspondant aux contenus vidéo que vous souhaitez consulter (VO pour la version originale sans les sous-titres, VOST pour la version originale avec les sous-titres en français).
Double-cliquez ou cliquez sur le fichier vidéo correspondant à la séquence que vous souhaitez visionner.

Achevé d'imprimer en Juin 2017 par «La Tipografica Varese Srl», Italie - Dépôt légal : juin 2017